Ulrich Becker

German Grammar Workbook:
Adjective endings, ein-words, der-words

ULRICH BECKER

German Grammar Workbook:

Adjective endings, ein-words, der-words

Levels A2 and B1

GERMAN 101

German 101
New York

German 101 is an imprint of *Mondial*.

Ulrich Becker:

German Grammar Workbook:
Adjective endings, ein-words, der-words

© 2021 Ulrich Becker

ISBN 9781595694287

www.mondialbooks.com

Contents

Abbreviations

acc., accus.	accusative
adj.	adjective
dat.	dative
def.	definite
f, fem.	feminine
gen.	genitive
indef.	indefinite
m, masc.	masculine
n, neut.	neuter
nom.	nominative
pl.	plural
sing.	singular

INTRODUCTION

In order to use adjectives in English phrases like **"my black chair"**, **"the green book"**, or **"happy children"**, we simply put the basic form of the adjective in front of the noun.

In German, it is a bit more complicated, but if you know the gender of the noun (i.e. if you always memorized the noun with the correct definite article), if you also know what "der words" and "ein words" are, and if you study the rules on the next page, you should soon be able to use German adjectives with the correct endings.

Here is a summary of what you need to know to apply the correct adjective ending:

1. the gender of the noun;
2. whether the noun is singular or plural;
3. which of the four grammatical cases (nominative, genitive, dative, accusative) is applied in the phrase;
4. whether there is an "ein word" or a "der word" in front of the noun, or not.

You will also have to know the grammatical endings of "der words" and "ein words" in the four cases, in singular and plural.

I know, this sounds complicated, when you read this for the first time. We will therefore start with an overview of "der words" and "ein words" and their declensions and slowly approach the adjective endings after that.

You will find plenty of exercises for each of the rules for the adjective endings presented on page 9 and in the **Visual Overview** on pages 10 and 11. If you study carefully, you will never apply a wrong adjective ending again – I promise!

Ulrich Becker

ADJECTIVE ENDINGS:
SUMMARY OF RULES

Once you have recognized the grammatical form of the noun,
you can apply the following <u>rules for German adjective endings</u>.

(You will find a **VISUAL OVERVIEW** of these rules on the
following two pages.)

I. After "der words":
1. after all "der words" in nominative singular, the adjective
   ending is "**-e**" (masculine, feminine and neuter alike)
2. after "der words" in accusative singular, the adjective
   ending is "**-e**", except in front of masculine nouns
   (accusative, singular), where it is "**-en**"
3. after "der words" in genitive singular, dative singular, and
   in plural (all four cases), the adjective ending is "**-en**"

II. After "ein words":
1. after an "ein word" in nominative singular (masculine), the
   adjective ending is "**-er**"
2. after an "ein word" in nominative singular (feminine) and
   accusative singular (feminine), the adjective ending is "**-e**"
3. after an "ein word" in nominative singular (neuter) and
   accusative singular (neuter), the adjective ending is "**-es**"
4. after an "ein word" in accusative singular (masculine) and
   all genitive and dative singular forms (all genders), and after
   an "ein word" in plural (all four cases and all three genders),
   the adjective ending is "**-en**"

III. Without "der word" or "ein word":
If there is no "ein word" or "der word", the adjective receives
the **grammatical ending that the "der word" would get IF
THERE WERE a "der word"**. With other words, the full
grammatical ending [gender and case] of the "der word" moves
to the end of the adjective. **An exception** is genitive singular
(masculine) and genitive singular (neuter), where the adjective
gets the ending **-en**.

RULES - VISUAL OVERVIEW

(1) "der words" (singular)

"der word"	adjective ending

$$
\text{nominative} \begin{array}{l} m \\ f \\ n \end{array} \left[\begin{array}{l} \text{de}\underline{r} \\ \text{di}\underline{e} \\ \text{da}\underline{s} \end{array} \right\} \text{accusative} \qquad \Big\} \text{-e}
$$

(2) "ein words" (singular)

„ein word"	adjective ending

$$
\text{nominative} \begin{array}{l} m \\ f \\ n \end{array} \left[\begin{array}{l} \text{ein} \\ \text{eine} \\ \text{ein} \end{array} \right] \text{accusative}
$$

} endings from the "der words" (de**r**, di**e** da**s**)

- -(e) **r**
- - **e**
- -(e) **s**

(3) In ALL other cases after "der words" or "ein words" (all plurals, all genitives, all datives, and for masculine sing. accusative [den, einen]):

} -en

(4) If there is **no "ein word" or "der word"**, the adjective receives the GENDER and CASE ENDING that the "der word" would receive, if there were a "der word" (except in genitive singular [masculine and neuter], where the adjective ends in **-en**).

EXAMPLES for the rules on p. 10

(1)

de**r** klein**e** Junge	diese**r** klein**e** Junge	welche**r** klein**e** Junge
di**e** kleine Frau	dies**e** klein**e** Frau	welch**e** klein**e** Frau
da**s** kleine Haus	diese**s** kleine Haus	welche**s** kleine Haus

de**r** klein**e**, nett**e**, blond**e** Junge
dies**e** kleine, nett**e**, blond**e** Frau
welche**s** klein**e**, neu**e**, weiß**e** Haus

(2)

ein klein**er** Junge	kein klein**er** Junge	sein klein**er** Junge	euer klein**er** Junge
eine kleine Frau	keine kleine Frau	seine kleine Frau	eure kleine Frau
ein klein**es** Haus	kein klein**es** Haus	sein klein**es** Haus	euer klein**es** Haus

ein klein**er**, nett**er**, blond**er** Junge
eine klein**e**, nett**e**, blond**e** Frau
ein klein**es**, neu**es**, weiß**es** Haus

(3 – unsorted examples)

de**m** klein**en** Jungen	eine**m** klein**en** Jungen	di**e** klein**en** Jungen
de**n** klein**en** Jungen	eine**n** klein**en** Jungen	keine klein**en** Jungen
de**r** klein**en** Frau	di**e** klein**en** Frauen	de**r** klein**en** Frauen
de**s** klein**en** Hauses	eine**s** klein**en** Hauses	de**n** klein**en** Häusern

(4)

Nom.:	groß**er** Tisch	/	groß**e** Tasche	/	groß**es** Bier	/	groß**e** Schuhe
Gen.:	————	/	groß**er** Tasche	/	————	/	groß**er** Schuhe
Dat.:	groß**em** Tisch	/	groß**er** Tasche	/	groß**em** Bier	/	groß**en** Schuhe**n**
Acc.:	groß**en** Tisch	/	groß**e** Tasche	/	groß**es** Bier	/	groß**e** Schuhe

Gen. sing., [masc. & neuter]: Der Preis groß**en** Mutes / der Effekt kalt**en** Bieres

These are the "der words":

Singular (m, f, n)	Plural	Meaning
der, die das	die	the (def. article)
dieser, diese, dieses	diese	this
jener, jene, jenes	jene	that
jeder, jede, jedes	jede	every
welcher, welche, welches	welche	which
mancher, manche, manches*	manche	some
solcher, solche, solches*	solche	such
aller, alle, alles**	alle	all

NOTES: *"manche" and "solche" can also be used as adjectives; in this case, they would get adjective endings, not the endings of "der" words. **"alle" is mostly used in plural: *alle Kinder*; but occasionally also in singular, especially with nominalized adjectives: *alles Gute; alles Neue*. Occasionally, "alle" is also treated as an adjective.

Why are these words called "der words"?

Because they all react like the definite articles *der, die, das; die*:

(1) they always have the same grammatical ending:

der Mann	die Frau	das Kind	die Kinder
dieser Mann	diese Frau	dieses Kind	diese Kinder
mancher Mann	manche Frau	manches Kind	manche Kinder
etc.			

(2) the adjectives following them have always the same endings:

der kleine Mann	dem kleinen Mann	den kleinen Mann
jeder kleine Mann	jedem kleinen Mann	jeden kleinen Mann
welcher kleine Mann	welchem kleinen Mann	welchen kleinen Mann

pl.: die kleinen Kinder
welche kleinen Kinder
solche kleinen Kinder

etc.

These are the "ein words":

Singular (m, f, n)	Plural	Meaning
ein, eine, ein	-	a (indef. article)
kein, keine, kein	keine	not a; no (before noun)
All possessive pronouns:		
mein, meine, mein	meine	my
dein, deine, dein	deine	your *(informal; sing.)*
sein, seine, sein	seine	his
ihr, ihre, ihr	ihre	her
sein, seine, sein	seine	its
unser, unsere, unser	unsere	our
euer, eure, euer	eure	your *(informal; pl.)*
ihr, ihre, ihr	ihre	their
Ihr, Ihre, Ihr	Ihre	your *(formal; sing., pl.)*

Why are these words called "ein words"?

Because they all react like the indefinite articles *ein, eine, ein*:

(1) they always have the same grammatical ending:
e.g. *masc. and neuter, nominative:* no ending;
e.g. *fem. and plural, nominative:* ending -e

(2) the adjectives following them have always the same endings:

ein kleiner Mann	eine kleine Frau	ein kleines Kind
kein kleiner Mann	keine kleine Frau	kein kleines Kind
sein kleiner Mann	seine kleine Frau	sein kleines Kind
ihr kleiner Mann	ihre kleine Frau	ihr kleines Kind

pl.: keine kleinen Kinder
meine kleinen Kinder
unsere kleinen Kinder

etc.

Declension of "der words"

	Nom.	Gen.	Dat.	Acc.
Sing.				
m	der	des	dem	den
f	die	der	der	die
n	das	des	dem	das
Pl.	die	der	den	die

	Nom.	Gen.	Dat.	Acc.
Sing.				
m	dieser	dieses	diesem	diesen
f	diese	dieser	dieser	diese
n	dieses	dieses	diesem	dieses
Pl.	diese	dieser	diesen	diese

	Nom.	Gen.	Dat.	Acc.
Sing.				
m	welcher	welches	welchem	welchen
f	welche	welcher	welcher	welche
n	welches	welches	welchem	welches
Pl.	welche	welcher	welchen	welche

etc.

Declension of "ein words"

Sing.	Nom.	Gen.	Dat.	Acc.
m	ein	eines	einem	einen
f	eine	einer	einer	eine
n	ein	eines	einem	ein
Pl.	-	-	-	-

Sing.	Nom.	Gen.	Dat.	Acc.
m	kein	keines	keinem	keinen
f	keine	keiner	keiner	keine
n	kein	keines	keinem	kein
Pl.	keine	keiner	keinen	keine

Sing.	Nom.	Gen.	Dat.	Acc.
m	Ihr	Ihres	Ihrem	Ihren
f	Ihre	Ihrer	Ihrer	Ihre
n	Ihr	Ihres	Ihrem	Ihr
Pl.	Ihre	Ihrer	Ihren	Ihre

etc.

REMEMBER THESE
<u>Simplified</u> rules for German cases:

1. You have to use the nominative case:

(a) to mark the <u>subject</u> of an action

2. You have to use the genitive case:

(a) to mark the <u>relationship</u> between two nouns,
(b) after certain prepositions*
(c) in very <u>vague expressions of time without preposition</u>

3. You have to use the dative case:

(a) for the person, object, or idea that <u>benefits</u> from the action or
that is the <u>addressee</u> of the action,
(b) after certain prepositions*

4. You have to use the accusative case:

(a) for the <u>object of the action</u> described by the verb,
(b) after certain prepositions*
(c) in most <u>expressions of time without preposition</u>.

For a list of the most important prepositions and the cases they require: see pages 18-19.

EXAMPLES FOR THE
Simplified rules for German cases:

1. nominative case:

(a) <u>Der Mann</u> lacht. <u>Er</u> ist <u>mein Mann</u>.

2. genitive case:

(a) das Buch <u>des Mannes</u>
(b) während des Tages; trotz des Wetters
(c) eines Tages, eines Abends

3. dative case:

(a) Ich helfe <u>dem Mann</u>. Ich gebe <u>dem Mann</u> das Buch.
Ich sage <u>dem Mann</u>, wo ich bin. Ich antworte <u>dem Mann</u>.
(b) nach dem Essen; in dem Haus

3. accusative case:

(a) Ich schreibe <u>den Brief</u>. Ich gebe dem Mann <u>das Buch</u>.
(b) für den Mann; in das Haus
(c) jeden Tag; diesen Monat

Important <u>prepositions</u> and the cases they require*:

With Dative Only

1. **aus** (out of) – aus dem Haus; aus der Wohnung; aus den Dörfern
2. **außer** (besides, except) – außer mir; außer meinem Bruder
3. **bei** (at the house [place] of) – bei dir; bei meiner Tante; bei Ihnen
4. **mit** (with) – mit meiner Mutter; mit euch; mit den Kindern
5. **nach** (after, to[wards]) – nach dem Essen; nach Deutschland
6. **seit** (since, for [time period]) – seit einem Jahr; seit zwei Tagen
7. **von** (from, of) – von mir; von meinem Haus; von dieser Woche [an]
8. **zu** (to[wards]) – zu dir; zu meinen Großeltern; zum ersten (1.) Mai

With Accusative Only

1. **bis** (until) – bis nächsten Dienstag; bis übernächste Woche
2. **durch** (through) – durch den Garten; durch das Haus
3. **für** (for) – für mich; für meinen Bruder; für meine Eltern
4. **gegen** (against; toward) – gegen den Präsidenten; gegen Abend
5. **ohne** (without) – ohne dich; ohne jeden Grund; ohne sie
6. **um** (around) – um den Tisch; um den Spielplatz; um ihn

With Dative (location; time)
With Accusative (direction; movement)

1. **an** (at, on [up against])
   dative: an der Wand; am Tisch; an diesem Tag; am Montag
   acc.: an die Wand; an den Tisch; an das Haus
2. **auf** (on, on top of)
   dative: auf der Straße; auf dem Tisch; auf welchem Dach
   acc.: auf die Straße; auf den Tisch; auf welches Dach

3. **hinter** (behind)
dative: hinter dem Sofa; hinter meinem Haus; hinter ihm
acc.: hinter das Sofa; hinter mein Haus; hinter ihn
4. **in** (in, into)
dative: in meinem Zimmer; in der Schule; in diesem Monat
acc.: in mein Zimmer; in die Schule
5. **neben** (near, next to)
dative: neben dem Sofa; neben der Villa; neben ihr
acc.: neben das Sofa; neben die Villa; neben sie
6. **über** (over, above [dat. or acc.]; about [only acc.])
dative: über dem Dach; über den Wolken; über meiner Schule
acc.: über das Dach; über die Wolken; über dieses Thema
7. **unter** (under)
dative: unter der Brücke; unter dem Sofa; unter den Betten
acc.: unter die Brücke; unter das Sofa; unter die Betten
8. **vor** (before, in front of [dat. or acc.]; ... ago [only dat.])
dative: vor dem Haus; vor der Schule; vor ihnen; vor einem Tag
acc.: vor das Haus; vor die Schule; vor sie
9. **zwischen** (between)
dative: zwischen den Häusern; zwischen den Autos
acc.: zwischen die Häuser; zwischen die Autos

With Genitive Only

1. **während** (during) – während des Tages; während der Nacht
2. **wegen** (on account of) – wegen des Regens; wegen meiner Oma
3. **anstatt** (*or* **statt**) (instead of) – (an)statt des Hemd(e)s;
(an)statt dieser Hose

*Note: Many verbs, nouns and other word forms require the use of specific prepositions (e.g. *warten auf*; *die Erinnerung an*). These prepositions don't always follow the rules listed above (e.g. *warten auf den Bruder*; *die Erinnerung an meinen Vater* – two accusatives that are not a movement or direction); they have to be memorized individually.

Adjective Endings: Step-by-Step Rules and Exercises

The numbering of the following rules and exercises mirror the numbering on page 9:

I. After "der words" – rules 1, 2, 3

II. After "ein words", – rules 1, 2, 3, 4

III. without "der word" or "ein word"

IMPORTANT: Have a dictionary at hand.

Look up any word that is unknown to you.

And if you are unsure about the gender of nouns used in these exercises, look them up (page 71) before trying to figure out the grammatical endings of "der words", "ein words", and adjectives.

I-1: After "der words"

After all "der words" in **nominative singular**, the adjective ending is "**-e**" (masculine, feminine and neuter alike).

Nominative singular:

Masc.:

der klein**e** Löffel
dieser kleine Löffel
jener kleine Löffel
welcher kleine Löffel
jeder kleine Löffel
mancher kleine Löffel
etc.

Fem.:

die klein**e** Gabel
diese kleine Gabel
jene kleine Gabel
welche kleine Gabel
jede kleine Gabel
manche kleine Gabel
etc.

Neuter:

das klein**e** Messer
dieses kleine Messer
jenes kleine Messer
welches kleine Messer
jedes kleine Messer
manches kleine Messer
etc.

Exercise I-1:

Fill in the missing endings of "der words" and adjectives.
(IF NECESSARY, LOOK UP THE GENDER OF THE NOUNS!*)

die klein____ Schwester

der klein____ Bruder

das klein____ Haus

welch____ braun____ Tisch

jed____ neu____ Wort

so manch____ schön____ Tag

Das ist das neu____ Fahrrad von Peter.

Das ist dies____ neu____ Fahrrad von Peter.

Wo ist der alt____ Schreibtisch von Petra?

Dort ist jen____ alt____ Schreibtisch von Petra.

Das scheint die schick____ Wohnung von Max zu sein.

Dies____ schick____ Wohnung ist viel zu teuer.

Wo ist das neu____ Auto von Frau Anders?

Wo ist dies____ neu____ Auto von Frau Anders?

Das klein____, neu____ Baby schläft viel.

Jed____ klein____, neu____ Baby schläft viel.

Dies____ schick____, teur____ Wohnung ist sehr hell.

* see p. 71

I-2: After "der words"

After "der words" in <u>accusative singular</u>, the adjective ending is "**-e**", except in front of masculine nouns, where it is "**-en**".

Accusative singular:

Masc.:

den klein**en** Löffel
diesen kleinen Löffel
jenen kleinen Löffel
welchen kleinen Löffel
jeden kleinen Löffel
manchen kleinen Löffel
etc.

Fem.:

die klein**e** Gabel
diese kleine Gabel
jene kleine Gabel
welche kleine Gabel
jede kleine Gabel
manche kleine Gabel
etc.

Neuter:

das klein**e** Messer
dieses kleine Messer
jenes kleine Messer
welches kleine Messer
jedes kleine Messer
manches kleine Messer
etc.

Exercise I-2:

Fill in the missing endings of "der words" and adjectives.
(IF NECESSARY, LOOK UP THE GENDER OF THE NOUNS!)*

für d____ klein____ Bruder

für d____ klein____ Schwester

für d____ klein____ Kind

Er spielt gegen d____ klein____ Bruder.

Er spielt gegen d____ klein____ Schwester.

Er spielt gegen d____ klein____ Kind.

Sie gehen durch dies____ grün____ Wald.

Durch welch____ grün____ Wald gehen sie?

Er rennt durch das klein____ Haus.

um welch____ braun____ Tisch

Bis dies____ sonnig____ Samstag!

Er spricht jed____ neu____ Wort laut.

Wir verbringen dies____ schön____ Tag in Paris.

Ich sehe das neu____ Fahrrad von Peter.

Siehst du dies____ neu____ Fahrrad von Peter?

Kaufst du den alt____ Schreibtisch von Petra?

Kaufst du jen____ alt____ Schreibtisch von Petra?

* see p. 71

Ich miete die schick____ Wohnung von Max.

Er mietet dies____ schick____, teur____ Wohnung.

Holst du das neu____, grün____ Auto von Frau Anders?

Siehst du dies____ neu____, grün____ Auto von Frau Anders?

Sie trägt das klein___, laut___ Baby durch das hell____ Zimmer.

Sie trägt das klein___, laut___ Baby durch den hell____ Raum.

Ohne dies____ klein____, niedlich____ Baby kann ich nicht mehr leben.

um den dunkl____ Wald, um das blau____ Haus,

um den neu____ Park, um die grün____ Wiese

um dies____ dunkl____ Wald, um dies____ blau____ Haus,

um dies____ neu____ Park, um dies____ grün____ Wiese

ohne den klein____ Bruder, ohne die klein____ Schwester,

ohne das klein____ Kind

Sie singt den ganz____ Tag. Sie arbeitet die ganz____ Woche.

Wir arbeiten dies____ ganz____ Monat.

Sie ist dies____ ganz____ Jahr in Berlin.

Was tut sie die ganz____ Nacht?

Warum schreit das Baby jed____ zweit____ Tag?

Wohin gehst du jed____ viert____ Woche im Monat?

Mixed Exercises I-1 and I-2:

Fill in the missing endings of "der words" and adjectives.
(IF NECESSARY, LOOK UP THE GENDER OF THE NOUNS!*)

Der klein____ Bruder sucht die groß____ Schwester.

Dies____ klein____ Mädchen sucht sein____ groß____ Bruder.

Welch____ klein____ Löffel ist für dies____ jung____ Frau?

Jed___ klein___ Junge spielt gegen jed___ klein___ Mädchen.

Der alt____ Mann geht um dies____ alt____ Haus.

Solch____ schlecht____ Wetter hatte die klein____ Stadt noch
nie!

Der neu____ Förster geht durch d____ grün____ Wald.

Der neu____ Schüler fragt d____ nett____ Lehrer.

Die nett____ neu____ Lehrerin hat dies____ ganz____ Monat
lang Urlaub.

Welch____ hoh____ Baum will der neu____ Förster fällen?

Dies____ hübsche Chauffeur fährt heute d____ toll____ Wagen
seines Kollegen.

Der neu____ Kellner stellt die blau____ Vase auf d____ rund____
Tisch.

Die neu____ Kellnerin stellt d____ rund____ Teller in d____
alt____ Küchenschrank.

Der neu____ , blond____ Student stellt mir jed____ zweit____
Tag die gleich____ dumm____ Frage.

* see p. 71

I-3: After "der words"

After "der words" in **genitive singular**, **dative singular**, and in **plural (all four cases)**, the adjective ending is "**-en**".

Genitive singular:

Masc.:

des klein**en** Löffels
dieses kleinen Löffels
jenes kleinen Löffels
welches kleinen Löffels
jedes kleinen Löffels
manches kleinen Löffels
etc.

Fem.:

der klein**en** Gabel
dieser kleinen Gabel
jener kleinen Gabel
welcher kleinen Gabel
jeder kleinen Gabel
mancher kleinen Gabel
etc.

Neuter:

des klein**en** Messers
dieses kleinen Messers
jenes kleinen Messers
welches kleinen Messers
jedes kleinen Messers
manches kleinen Messers
etc.

Dative singular:

Masc.:

dem klein**en** Löffel
diesem kleinen Löffel
jenem kleinen Löffel
welchem kleinen Löffel
jedem kleinen Löffel
manchem kleinen Löffel
etc.

Fem.:

der klein**en** Gabel
dieser kleinen Gabel
jener kleinen Gabel
welcher kleinen Gabel
jeder kleinen Gabel
mancher kleinen Gabel
etc.

Neuter:

dem klein**en** Messer
diesem kleinen Messer
jenem kleinen Messer
welchem kleinen Messer
jedem kleinen Messer
manchem kleinen Messer
etc.

Nominative plural:

Masc.:

die klein**en** Löffel
diese kleinen Löffel
jene kleinen Löffel
welche kleinen Löffel
alle kleinen Löffel
solche kleinen Löffel
etc.

Fem.:

die klein**en** Gabeln
diese kleinen Gabeln
jene kleinen Gabeln
welche kleinen Gabeln
alle kleinen Gabeln
solche kleinen Gabeln
etc.

Neuter:

die klein**en** Messer
diese kleinen Messer
jene kleinen Messer
welche kleinen Messer
alle kleinen Messer
solche kleinen Messer
etc.

Genitive plural:

Masc.:

der klein**en** Löffel
dieser kleinen Löffel
jener kleinen Löffel
welcher kleinen Löffel
aller kleinen Löffel
solcher kleinen Löffel
etc.

Fem.:

der klein**en** Gabeln
dieser kleinen Gabeln
jener kleinen Gabeln
welcher kleinen Gabeln
aller kleinen Gabeln
solcher kleinen Gabeln
etc.

Neuter:

der klein**en** Messer
dieser kleinen Messer
jener kleinen Messer
welcher kleinen Messer
aller kleinen Messer
solcher kleinen Messer
etc.

Dative plural:

Masc.:

den klein**en** Löffeln
diesen kleinen Löffeln
jenen kleinen Löffeln
welchen kleinen Löffeln
allen kleinen Löffeln
solchen kleinen Löffeln
etc.

Fem.:

den klein**en** Gabeln
diesen kleinen Gabeln
jenen kleinen Gabeln
welchen kleinen Gabeln
allen kleinen Gabeln
solchen kleinen Gabeln
etc.

Neuter:

den klein**en** Messern
diesen kleinen Messern
jenen kleinen Messern
welchen kleinen Messern
allen kleinen Messern
solchen kleinen Messern
etc.

Accusative plural:

Masc.:

die klein**en** Löffel
diese kleinen Löffel
jene kleinen Löffel
welche kleinen Löffel
alle kleinen Löffel
solche kleinen Löffel
etc.

Fem.:

die klein**en** Gabeln
diese kleinen Gabeln
jene kleinen Gabeln
welche kleinen Gabeln
alle kleinen Gabeln
solche kleinen Gabeln
etc.

Neuter:

die klein**en** Messer
diese kleinen Messer
jene kleinen Messer
welche kleinen Messer
alle kleinen Messer
solche kleinen Messer
etc.

Exercise I-3:

Fill in the missing endings of "der words" and adjectives.
(IF NECESSARY, LOOK UP THE GENDER OF THE NOUNS!)*

Genitive singular

die Hose des klein_____ Bruders

die Jacke dies_____ klein_____ Jungen

das T-Shirt der älter_____ Tochter

die Akten welch_____ neu_____ Kollegin?

der Duft jen_____ rot_____ Rose

die Frage dies_____ jung_____ Mannes

wegen jen_____ jung_____ Frau

das Dach des klein_____ Hauses

das Fenster jen_____ hoh_____ Turms

die Tür dies_____ rund_____ Zimmers

das Tor der groß_____ Garage

mithilfe des neu_____ Computers

trotz dies_____ hell_____ Lampe

der Korken jen_____ grün_____ Flasche

der Gürtel dies_____ braun_____ Hose

die Knöpfe dies_____ gelb_____ Jacke

* see p. 71

Dative singular

Ich gebe dem klein____ Bruder die Hose.

Wir schicken dies____ klein____ Jungen die Jacke.

Sie schenkt der älter____ Tochter das T-Shirt.

Wir geben dies____ neu____ Kollegin Blumen.

Du musst jen____ rot____ Rose frisches Wasser geben.

Wir antworten dies____ jung____ Mann.

Er schenkt jed____ jung____ Frau eine Tulpe.

hinter dem klein____ Haus

über jen____ hoh____ Turm

in dem rund____ Zimmer

vor dies____ groß____ Garage

mit jed____ neu____ Computer

unter dies____ hell____ Lampe

aus jen____ grün____ Flasche

seit dies____ sonnig____ Tag

zu dies____ schattig____ Park

Nominative plural

Die klein____ Babys schreien laut.

Dies____ neu____ Bücher waren sehr teuer.

Welch____ bunt____ Blumen?

All____ gut____ Menschen haben Freunde.

Jen____ alt____ Bilder gefallen mir.

Die lustig____ Clowns kommen!

Dies____ nett____ Leute sind meine Nachbarn.

Manch____ schön____ Parks sind geschlossen.

Solch____ groß____ Probleme sind das!

Die letzt____ beid____ Fragen kommen von mir.

Dies____ schmal____ Wanderwege sind neu.

All____ neu____ Schüler sind jetzt da.

Welch____ alt____ Freunde kommen morgen zu dir?

Dies____ komisch____ Fragen beantworte ich nicht.

All____ alt____ Autos fahren langsam.

Manch____ musikalisch____ Kinder lernen Instrumente.

Die schön____ Blumen wachsen schnell.

Genitive plural

Die Schreie der klein____ Babys sind laut.

Die Seiten dies____ alt____ Bücher sind nass.

Die Storys manch____ neu____ Filme sind langweilig.

Die Blüten jen____ rot____ Rosen sind schon welk.

Die Eltern dies____ klein____ Kinder sind Franzosen.

Die Nasen der lustig____ Clowns sind rot.

Das Fell der klein____ hübsch____ Kätzchen ist weich.

Die Lösungen dies____ schwer____ Aufgaben sind richtig.

Du musst wegen der neu____ Probleme zu Hause bleiben.

Sie muss während der erst____ Wochen im Bett bleiben.

Mutter will zuerst die Hemden statt der lang____ Hosen waschen.

Die Bücher der klein____ Kinder liegen auf dem Tisch.

Die Bücher welch____ klein____ Kinder?

Die Autos dies____ nett____ Nachbarn sind alle rot.

Du musst wegen der neu____ Fotos noch einmal herkommen.

Sie will wegen der groß____ Probleme der klein____ Kinder mit ihrer Mutter sprechen.

Dative plural

Ich gebe den nett____ Kindern einen Ball.

Der Junge spielt mit den klein____, rot____ Autos.

Die Leute wohnen in dies____ blau____ Häusern.

Aus welch____ fern____ Ländern kommen die Herren?

Ich habe es mit den eigen____ Augen gesehen!

Zeige den neugierig____ Kunden bitte die Bücher, Monika!

Kannst du das Auto vor dies____ groß____ Bäumen parken?

Schon nach den erst____ zwei Wochen wollte ich wieder weg.

Ich bin drüben bei den neu____ Nachbarn.

Mit dies____ bunt____ Stiften kannst du malen.

Seit den erst____ Tagen im Urlaub ist sie schon krank.

Außer dies____ drei lang____ Wörtern verstehe ich alles.

Zu welch____ neu____ Hosen passt dieser Gürtel?

Sprich mit den neu____ Schulkameraden über unseren Klub!

Ich habe mir von manch____ gut____ Freunden Bücher geliehen.

Vor solch____ dumm____ Leuten muss man Angst haben.

Zeige den klein____ Kindern dein Zimmer.

Accusative plural

Sie kauft die gelb____ Blumen.

Sie gibt mir dies____ beid____ dick____ Bücher.

Die Mädchen lieben die klein____ Katzen.

Welch____ neu____ Wörter verstehst du nicht?

Ich mag solch____ dumm____ Dinge nicht.

Die Preise sind für die best____ Studenten.

Wir spielen gegen dies____ beid____ Mannschaften.

Er geht durch die dunkl____ Zimmer.

Sie fahren um dies____ beid____ Häuser herum.

Zeige mir bitte die neu____ bunt____ Stifte.

Sie kauft ihm die zwei neu____ Hemden.

Siehst du die beid____ schwarz____ Pudel dort?

Wie heißen dies____ drei braun____ Hamster?

Kennst du schon die neu____ Nachbarn gegenüber?

Welch____ Pullover möchtest du gern, die schwarz____ oder die grau____?

Magst du dies____ schön____ Kurzgeschichten?

Beantworte die leicht____ Fragen zuerst, dann die schwer____!

Mixed Exercises I-1, I-2, and I-3:

Fill in the missing endings of "der words" and adjectives.
(IF NECESSARY, LOOK UP THE GENDER OF THE NOUNS!*)

Welch____ kräftig____ Männer können dies____ schwer____
Kisten heben?

Hat das klein____ Kind all____ neu____ Bücher gesehen?

Der blau____ Pullover des schlank____ Mädchens ist schick.

Ich gebe dem nett____ Mädchen all____ klein____ Puppen.

Ich gebe den klein____ Jungen das blau____ Auto.

Wo sind die neu____ Taschen des alt____ Mannes?

Dies____ teur____ Computer gehört dies____ nett____ Frau.

Solch____ dunkl____ Hosen habe ich nicht.

Über dies____ tief____ Fluss kann ich nicht schwimmen.

Nimm die blau____ Hose, nicht die braun____.

Was ist die Farbe der lang____ Hose?

Mit dies____ klein____ Puppen kann das nett____ Mädchen
gern spielen.

Die viel____ Autos auf dies____ breit____ Straße sind sehr laut.

Welches Kleid willst du tragen, das blau____ oder das grün____?

Welchen Pullover willst du tragen, dies____ blau____ hier oder
jen____ grün____ dort?

* see p. 71

Siehst du dies____ schlank____, groß____ Frau dort drüben?

Siehst du dies____ schlank____, groß____ Mann dort drüben?

Siehst du dies____ schlank____, groß____ Frauen dort drüben?

Willst du mit dies____ schwarz____ Pudel spazieren gehen?

Der neu____ Hund dies____ nett____ Frau ist auch schwarz.

Gib dies____ alt____ Bücher dem jung____ Mann dort.

Gib mir das alt____ Buch des klein____ Mädchens.

Gib mir die alt____ Bücher der klein____ Mädchen.

Das hübsch____ Kätzchen spielt gern mit dies____ bunt____
Bällen auf der grün____ Wiese hinter dem klein____ Haus.

Der neu____ Computer ist schon wieder kaputt.

Ich muss den alt____, langsam____ Computer aus dem
braun____ Schrank holen.

Dies____ grün____ Pflanze wächst sehr schnell.

Dies____ grün____ Pflanzen wachsen sehr schnell.

Welch____ rot____ Rosen wachsen schneller, dies____ hier oder
jen____ dort?

Gib den neu____ Schülern dies____ neu____ Bücher.

Gib der neu____ Schülerin dies____ neu____ Buch.

Hole mir die frisch____ Milch aus dem weiß____ Kühlschrank.

Die kalt____ Milch auf dem rund____ Tisch ist sauer.

II-1: After "ein words"

After an "ein word" in <u>nominative singular (masculine)</u>, the adjective ending is "**-er**".

Nominative singular:

Masc.:

ein klein**er** Löffel
kein kleiner Löffel
mein kleiner Löffel
dein kleiner Löffel
sein kleiner Löffel
ihr kleiner Löffel
unser kleiner Löffel
euer kleiner Löffel
ihr kleiner Löffel
Ihr kleiner Löffel

Exercise II-1:

Fill in the missing adjective endings.

mein klein_____ Bruder

ihr neu_____ Mann

ein hoh_____ Baum

unser alt_____ Ball

Ist Ihr schwarz_____ Hut neu?

Wo ist euer golden_____ Ring?

Mixed Exercises I-1, I-2, I-3, and II-1:

Fill in all missing endings.
(IF NECESSARY, LOOK UP THE GENDER OF THE NOUNS!*)

Kein kräftig____ Mann kann dies____ schwer____ Kisten
heben.

Hat unser klein____ Junge all____ neu____ Bücher gesehen?

Mein blau____ Pullover ist schick.

Wo ist sein neu____ Ball?

Mein alt____ Computer gehört jetzt dies____ nett____ Frau.

Mein best____ Freund schenkt mir diese dunkl____ Hosen zum
Geburtstag.

Ein tief____ Fluss ist gefährlich.

Dort drüben steht ein schlank____, groß____ Mann.

Ihr schwarz____ Pudel will mit ihr spazieren gehen.

Unser neu____ Hund ist auch schwarz.

Ein jung____ Mann kauft alle diese neu____ Bücher.

Unser hübsch____ Kater spielt gern mit dies____ bunt____
Bällen auf der grün____ Wiese hinter dem klein____ Haus.

Sein neu____ Computer ist schon wieder kaputt.

Und sein alt____, langsam____ Computer ist im braun____
Schrank.

Unser weiß____ Kühlschrank ist sehr laut.

* see p. 71

Ein rund____ Tisch ist viel besser für Partys als ein eckig____ .

Mein klein____ Bruder wächst schnell.

Ihr neu____ Mann fährt gern mit dem rot____ Auto.

Ein hoh____ Baum steht vor dem klein____ Küchenfenster.

Vor dem klein____ Küchenfenster steht ein hoh____ Baum.

Unser alt____ Ball liegt auf der grün____ Wiese.

Mein Herr, ist Ihr rund____, schwarz____ Hut neu?

Wo ist euer golden____ Ring? Habt ihr ihn im dunkl____ Wald verloren?

Dein teur____, neu____ Fernseher wird morgen geliefert.

Unser alt____ blau____ Topf hat jetzt ein Loch.

Die italienisch____ Stadt Pisa hat immer viele Touristen: Ihr schief____ Turm ist weltberühmt.

Ist dies____ nett____ Junge dein klein____ Bruder?

Ihr hübsch____ Ehemann hatte viele Freundinnen.

Das ist kein dumm____ Witz, das ist die traurig____ Wahrheit.

Weißt, du wo unser alt____ Scanner ist? Der neu____ funktioniert nicht.

Du kannst den alt____ Monitor weggeben. Hier ist ein neu____, modern____ Monitor für dich.

Dort steht ein schwer____ Blumentopf mit Erde. Kannst du ihn bitte unter das klein____ Fenster stellen? Mein nett____ Schwager will in ihm diese rot____ Rosen pflanzen.

II-2: After "ein words"

After an "ein word" in <u>nominative singular (feminine)</u> and <u>accusative singular (feminine)</u>, the adjective ending is "**-e**".

Nominative and accusative singular:

Fem.:

eine klein<u>e</u> Gabel
keine kleine Gabel
meine kleine Gabel
deine kleine Gabel
seine kleine Gabel
ihre kleine Gabel
unsere kleine Gabel
eure kleine Gabel
ihre kleine Gabel
Ihre kleine Gabel

Exercise II-2:

Fill in the missing adjective endings.

meine klein_____ Schwester

seine neu_____ Frau

eine groß_____ Blume

unsere alt_____ Tante

Ist Ihre schwarz_____ Hose neu?

Hast du meine golden_____ Uhr?

Mixed Exercises I-1, I-2, I-3, II-1, and II-2:

Fill in all missing endings.
(IF NECESSARY, LOOK UP THE GENDER OF THE NOUNS!*)

Kein schwach____ Mann kann mein____ schwer____ Kiste
heben.

Hat das klein____ Mädchen deine neu____ Puppe gesehen?

Mein blau____ Hose ist schick.

Wo ist seine neu____ Gitarre?

Meine alt____ Tasche gehört jetzt dies____ arm____ Frau.

Meine best____ Freundin schenkt mir diese dunkl____ Jacke
zum Geburtstag.

Ein kaputt____ Brücke ist gefährlich.

Dort drüben steht ein blond____, groß____ Mann und eine
brünett____, schlank____ Frau.

Ihre schwarz____ Katze will mit uns spazieren gehen.

Unser neu____ Hund mag seine schwarz____ Katze nicht.

Ein jung____ Mann kauft meine alt____ Lampe.

Seine neu____ Tastatur ist schon wieder kaputt.

Unser weiß____ Kühlschrank und unser____ Kaffeemaschine
sind nicht sehr modern.

Ein rund____ Tisch ist viel besser für eine toll____ Party als
dieser eckig____.

* see p. 71

Mein klein____ Neffe und seine groß____ Schwester wachsen schnell.

Seine neu____ Frau fährt gern mit dem rot____ Auto.

Eine hoh____ Tanne steht vor dem klein____ Küchenfenster.

Vor dem klein____ Küchenfenster steht eine hoh____ Tanne.

Unsere alt____ Schaukel steht auf der grün____ Wiese.

Meine Dame, ist Ihre schick____, weiß____ Jacke neu?

Wo sind eure golden____ Uhr und euer golden____ Ring? Habt ihr sie im dunkl____ Wald verloren?

Deine teur____, neu____ Mikrowelle wird morgen geliefert.

Unsere alt____ blau____ Vase hat jetzt ein Loch.

Sind das dort deine klein____ Schwester und dein klein____ Bruder?

Seine hübsch____ Ehefrau hatte viele Freunde.

Das ist kein dumm____ Frage. Ich will die rein____ Wahrheit wissen.

Weißt, du wo unsere alt____ Waschmaschine ist? Die neu____ funktioniert nicht.

Du kannst deine alt____ Jacke weggeben. Hier ist eine neu____, moderner____ Jacke für dich.

Dort steht eine schwer____ Kiste mit Erde. Kannst du sie bitte in den Garten unter das klein____ Fenster stellen? Meine nett____ Schwiegermutter will in ihr diese rot____ Rosen pflanzen.

Und das war meine letzt____ Frage.

II-3: After "ein words"

After an "ein word" in <u>nominative singular (neuter)</u> and <u>accusative singular (neuter)</u>, the adjective ending is "**-es**".

Nominative and accusative singular:

Neuter:

ein klein**es** Messer
kein kleines Messer
mein kleines Messer
dein kleines Messer
sein kleines Messer
ihr kleines Messer
unser kleines Messer
euer kleines Messer
ihr kleines Messer
Ihr kleines Messer

Exercise II-3:

Fill in the missing adjective endings.

mein klein____ Kind

Er hat ein neu____ Auto.

Dort ist unser alt____ Haus.

Sie sucht ihr golden____ Armband.

Habt ihr euer teur____ Buch gefunden?

Mein klein____ Baby braucht sein blau____ Kissen.

Mixed Exercises I-1, I-2, I-3, II-1, II-2, and II-3:

Fill in all missing endings.
(IF NECESSARY, LOOK UP THE GENDER OF THE NOUNS!)*

Welch____ kräftig____ Junge kann dies____ schwer____ Buch
heben?

Hat unser klein____ Mädchen all____ neu____ Bücher gesehen?

Mein blau____ Hemd ist schick.

Wo ist ihre neu____ Puppe?

Mein alt____ Computer gehört jetzt dies____ nett____ Mann.

Meine best____ Freundin schenkt mir diese dunkl____ Bluse
zum Geburtstag.

Eine breit____ Straße ist für die klein____ Kinder gefährlich.

Dort drüben steht eine schlank____, groß____ Frau.

Ihre schwarz____ Katze will nicht mit ihr spazieren gehen.

Ist euer neu____ Haus groß?

Das klein____ Kind liest alle diese neu____ Bücher.

Ein klein____ Kind liest sein neu____ Buch.

Unsere hübsch____ Katze spielt gern mit dem bunt____
Ball auf der grün____ Wiese hinter dem klein____ Haus.

Seine neu____ Tasche ist schon wieder kaputt.

Und seine alt____, grün____ Tasche ist in diesem braun____
Schrank.

---

* see p. 71

Der weiß____ Kühlschrank ist sehr laut.

Der rund____ Tisch ist viel besser für Partys als der eckig____.

Meine klein____ Schwester wächst schnell.

Die neu____ Freunde fahren gern mit dem rot____ Auto.

Ein hoh____ Haus steht neben dem klein____.

Neben dem klein____ Haus steht ein hoh____.

Der alt____ Ball liegt auf der grün____ Wiese.

Mein Herr, ist Ihr lang____, blau____ Hemd neu?

Wo ist das neu____ Fahrrad? Habt ihr es auf dem groß____
Spielplatz vergessen?

Der teur____, neu____ Fernseher wird morgen geliefert.

Der alt____ blau____ Topf hat jetzt ein groß____ Loch.

Das modern____ Museum hat immer viele Touristen.

Ist dies____ nett____ Mädchen deine klein____ Schwester?

Ihre hübsch____ Tochter hat viele Freunde.

Das ist keine dumm____ Frage.

Wo ist unser alt____ Laptop? Der neu____ ist zu langsam.

Du kannst das alt____ Bild verschenken. Hier ist ein neu____,
schöner____ Bild für dich.

Dort stehen die schwer____ Blumentöpfe mit Erde. Kannst du
sie bitte unter die klein____ Fenster stellen? Meine nett____
Schwägerin will in ihnen diese bunt____ Blumen pflanzen.

II-4: After "ein words"

After an "ein word" in <u>accusative singular (masculine)</u> and <u>all genitive and dative singular forms (all genders)</u>, and after an "ein word" in <u>plural (all four cases and all three genders)</u>, the adjective ending is "**-en**".

Accusative singular:

Masculine:

einen klein**en** Löffel
keinen kleinen Löffel
meinen kleinen Löffel
deinen kleinen Löffel
seinen kleinen Löffel
ihren kleinen Löffel
unseren kleinen Löffel
euren kleinen Löffel
ihren kleinen Löffel
Ihren kleinen Löffel

Genitive singular:

Masculine:

eines klein**en** Löffels
keines kleinen Löffels
meines kleinen Löffels
deines kleinen Löffels
seines kleinen Löffels
ihres kleinen Löffels
unseres kleinen Löffels
eures kleinen Löffels
ihres kleinen Löffels
Ihres kleinen Löffels

Genitive singular:

Feminine:

einer klein**en** Gabel
keiner kleinen Gabel
meiner kleinen Gabel
deiner kleinen Gabel
seiner kleinen Gabel
ihrer kleinen Gabel
unserer kleinen Gabel
eurer kleinen Gabel
ihrer kleinen Gabel
Ihrer kleinen Gabel

Genitive singular:

Neuter:

eines klein**en** Messers
keines kleinen Messers
meines kleinen Messers
deines kleinen Messers
seines kleinen Messers
ihres kleinen Messers
unseres kleinen Messers
eures kleinen Messers
ihres kleinen Messers
Ihres kleinen Messers

Dative singular:

Masculine:

einem klein**en** Löffel
keinem kleinen Löffel
meinem kleinen Löffel
deinem kleinen Löffel
seinem kleinen Löffel
ihrem kleinen Löffel
unserem kleinen Löffel
eurem kleinen Löffel
ihrem kleinen Löffel
Ihrem kleinen Löffel

Dative singular:

Feminine:

einer klein**en** Gabel
keiner kleinen Gabel
meiner kleinen Gabel
deiner kleinen Gabel
seiner kleinen Gabel
ihrer kleinen Gabel
unserer kleinen Gabel
eurer kleinen Gabel
ihrer kleinen Gabel
Ihrer kleinen Gabel

Dative singular:

Neuter:

einem klein**en** Messer
keinem kleinen Messer
meinem kleinen Messer
deinem kleinen Messer
seinem kleinen Messer
ihrem kleinen Messer
unserem kleinen Messer
eurem kleinen Messer
ihrem kleinen Messer
Ihrem kleinen Messer

Nominative plural:

Masculine:

keine klein**en** Löffel
meine kleinen Löffel
deine kleinen Löffel
seine kleinen Löffel
ihre kleinen Löffel
unsere kleinen Löffel
eure kleinen Löffel
ihre kleinen Löffel
Ihre kleinen Löffel

Nominative plural:

Feminine:

keine klein**en** Gabeln
meine kleinen Gabeln
deine kleinen Gabeln
seine kleinen Gabeln
ihre kleinen Gabeln
unsere kleinen Gabeln
eure kleinen Gabeln
ihre kleinen Gabeln
Ihre kleinen Gabeln

Nominative plural:

Neuter:

keine klein**en** Messer
meine kleinen Messer
deine kleinen Messer
seine kleinen Messer
ihre kleinen Messer
unsere kleinen Messer
eure kleinen Messer
ihre kleinen Messer
Ihre kleinen Messer

Genitive plural:

Masculine:

keiner klein**en** Löffel
meiner kleinen Löffel
deiner kleinen Löffel
seiner kleinen Löffel
ihrer kleinen Löffel
unserer kleinen Löffel
eurer kleinen Löffel
ihrer kleinen Löffel
Ihrer kleinen Löffel

Genitive plural:

Feminine:

keiner klein**en** Gabeln
meiner kleinen Gabeln
deiner kleinen Gabeln
seiner kleinen Gabeln
ihrer kleinen Gabeln
unserer kleinen Gabeln
eurer kleinen Gabeln
ihrer kleinen Gabeln
Ihrer kleinen Gabeln

—

—

Genitive plural:

Neuter:

keiner klein**en** Messer
meiner kleinen Messer
deiner kleinen Messer
seiner kleinen Messer
ihrer kleinen Messer
unserer kleinen Messer
eurer kleinen Messer
ihrer kleinen Messer
Ihrer kleinen Messer

Dative plural:

Masculine:

keinen klein**en** Löffeln
meinen kleinen Löffeln
deinen kleinen Löffeln
seinen kleinen Löffeln
ihren kleinen Löffeln
unseren kleinen Löffeln
euren kleinen Löffeln
ihren kleinen Löffeln
Ihren kleinen Löffeln

Dative plural:

Feminine:

keinen klein**en** Gabeln
meinen kleinen Gabeln
deinen kleinen Gabeln
seinen kleinen Gabeln
ihren kleinen Gabeln
unseren kleinen Gabeln
euren kleinen Gabeln
ihren kleinen Gabeln
Ihren kleinen Gabeln

Dative plural:

Neuter:

keinen klein**en** Messern
meinen kleinen Messern
deinen kleinen Messern
seinen kleinen Messern
ihren kleinen Messern
unseren kleinen Messern
euren kleinen Messern
ihren kleinen Messern
Ihren kleinen Messern

Accusative plural:

Masculine:

keine klein**en** Löffel
meine kleinen Löffel
deine kleinen Löffel
seine kleinen Löffel
ihre kleinen Löffel
unsere kleinen Löffel
eure kleinen Löffel
ihre kleinen Löffel
Ihre kleinen Löffel

Accusative plural:

Feminine:

keine klein**en** Gabeln
meine kleinen Gabeln
deine kleinen Gabeln
seine kleinen Gabeln
ihre kleinen Gabeln
unsere kleinen Gabeln
eure kleinen Gabeln
ihre kleinen Gabeln
Ihre kleinen Gabeln

Accusative plural:

Neuter:

keine klein**en** Messer
meine kleinen Messer
deine kleinen Messer
seine kleinen Messer
ihre kleinen Messer
unsere kleinen Messer
eure kleinen Messer
ihre kleinen Messer
Ihre kleinen Messer

Exercise II-4:

Fill in the missing adjective endings.

acc. sing. masc.	meinen klein____ Bruder
	meines klein____ Bruders
gen. sing.	seiner klein____ Schwester
	keines neu____ Hauses
	meinem klein____ Bruder
dat. sing.	meiner klein____ Schwester
	eurem alt____ Haus

meine klein____ Brüder

deine klein____ Schwestern   *nom. pl.*

seine rot____ Autos

seiner klein____ Brüder

seiner klein____ Schwestern   *gen. pl.*

unserer neu____ Häuser

meinen klein____ Brüdern

deinen klein____ Schwestern   *dat. pl.*

ihren neu____ Häusern

meine klein____ Brüder

deine klein____ Schwestern   *acc. pl.*

seine neu____ Autos

Siehst du deinen neu____ Mantel?

Hast du meine alt____ Bücher?

Gibst du meinen klein____ Brüdern das Spielzeug?

Wo sind die Sachen deiner beid____ groß____ Schwestern?

Die neu____ Mieter sind sehr laut.

Ich hole die rot____ Messer.

Das Spielzeug deiner best____ Freunde ist cool.

Mixed Exercises I-1, I-2, I-3, II-1, II-2, II-3, II-4:

Fill in all missing endings.
(IF NECESSARY, LOOK UP THE GENDER OF THE NOUNS!*)

Welche____ kräftig____ Jungen können diese schwer____
Bücher heben?

Haben unsere klein____ Mädchen dein____ neu____ Bücher
gesehen?

Der Kragen meines blau____ Hemds ist auch blau.

Wo sind die neu____ Puppen meiner klein____ Schwester?

Meine alt____ Computer gehören jetzt dies____ nett____ Mann.

Meine best____ Freundin schenkt mir diese dunkl____ Blusen
zum Geburtstag.

Der Verkehr in dieser breit____ Straße ist für die klein____
Kinder gefährlich.

Dort drüben steht das blau____ Auto meiner schlank____,
groß____ Kusine.

Ihre schwarz____ Katzen wollen nicht mit ihr spazieren gehen.

Ist das Dach eures neu____ Hauses schwarz?

Dem klein____ Kind gebe ich alle meine alt____ Bücher.

Keine klein____ Kinder dürfen sein neu____ Buch lesen.

Unsere hübsch____ Katze spielt gern mit den bunt____
Bällen auf der grün____ Wiese hinter unseren alt____ Häusern.

Der Träger seiner neu____ Tasche ist schon wieder kaputt.

* see p. 71

Seine alt____, grün____ Tasche ist in diesem braun____ Schrank.

Der Motor des weiß____ Kühlschranks ist sehr laut.

Unser rund____ Tisch ist viel besser für Partys als euer eckig____.

Meine klein____ Schwestern wachsen schnell.

Meine neu____ Freunde fahren gern mit den rot____ Autos meiner nett____ Nachbarn.

Mein hoh____ Haus steht neben deinem klein____.

Neben deinem klein____ Haus steht mein hoh____.

Unser alt____ Ball liegt auf der grün____ Wiese.

Meine Herren, welches Ihrer blau____ Hemden ist neu?

Hast du kein neu____ Fahrrad?

Habt ihr es auf dem groß____ Spielplatz vergessen?

Unser teur____, neu____ Fernseher wird morgen geliefert.

Unser alt____ blau____ Topf hat jetzt ein groß____ Loch.

Das modern____ Museum unserer klein____ Stadt hat immer viele Touristen.

Sind dies____ nett____ Mädchen deine klein____ Schwestern?

Ihre hübsch____ Töchter haben viele Freunde.

Das ist keine dumm____ Frage.

Wo ist unser alt____ Laptop? Unser neu____ ist zu langsam.

Du kannst deine alt____ Bilder verschenken. Hier ist ein neu____, schöner____ Bild für dich.

Dort stehen deine schwer____ Blumentöpfe mit Erde. Kannst du sie bitte unter dein klein____ Fenster stellen? Meine nett____ Schwägerin will in ihnen diese bunt____ Blumen pflanzen.

Meine alt____ Wohnung war sehr teuer. Ich muss mir eine neu____ Wohnung suchen. Die groß____ Wohnungen im Zentrum sind auch zu teuer für mich. Ich schaue mir also die billiger____ Wohnungen am Stadtrand an.

Wohnst du noch in deiner alt____ Wohnung?

Ich habe einen groß____ Garten. In meinem groß____ Garten siehst du die bunt____ Blumen links, die hoh____ Obstbäume rechts und das neu____ Schwimmbecken in der Mitte.

Das Obst aus meinem neu____ Garten verkaufe ich auf dem alt____ Markt im Zentrum unserer klein____ Stadt.

Die Käufer mögen mein frisch____ Obst. Sie mögen auch meine bunt____ Blumen.

Mein____ grün____ Pflanze ist größer als dein____.

Der nett____ Junge dort ist mein klein____ Bruder.

Das nett____ Mädchen dort ist mein____ klein____ Schwester.

Die nett____ Kinder dort sind mein____ klein____ Geschwister.

Der nett____ Freund meines klein____ Bruders geht in die gleich____ Schule.

Mein neu____ Nachbar hat auch ein____ klein____ Sohn.

Der klein____ Sohn meines nett____ Nachbarn geht in den neu____ Kindergarten an der Ecke der nächst____ Straße.

III. Without "der word" or "ein word"

If there is no "ein word" or "der word", the adjective receives the grammatical ending that the "der word" would get IF THERE ACTUALLY WERE a "der word". With other words, the full grammatical ending [gender and case] of the missing "der word" moves to the end of the adjective. An exception is genitive singular (masculine) and genitive singular (neuter), where the adjective gets always the ending -en:

Nominative:
- the "r" of "de**r**" moves to the adjective: "kleine**r** Löffel"
- the "e" of "di**e**" moves to the adjective: "klein**e** Gabel"
- the "s" of "da**s**" moves to the adjective: "kleine**s** Messer"
- the **plural** "e" of "di**e**" moves to the adjective: "klein**e** Gabeln", "klein**e** Löffel", "klein**e** Messer"

Genitive:
- the "s" of "de**s**" turns into "**n**" (masculine and neuter): "kleine**n** Löffels", "kleine**n** Messers"
- the "r" of "de**r**" moves to the adjective: "kleine**r** Gabel" (feminine)
- the **plural** "r" of "de**r**" moves to the adjective: "kleine**r** Gabeln", "kleine**r** Löffel", "kleine**r** Messer"

Dative:
- the "m" of "de**m**" moves to the adjective (masculine and neuter): "kleine**m** Löffel", "kleine**m** Messer"
- the "e" of "de**r**" moves to the adjective: "kleine**r** Gabel"
- the **plural** "n" of "de**n**" moves to the adjective: "kleine**n** Gabeln", "kleine**n** Löffeln", "kleine**n** Messern"

Accusative:
- the "n" of "de**n**" moves to the adjective: "kleine**n** Löffel"
- the "e" of "di**e**" moves to the adjective: "klein**e** Gabel"
- the "s" of "da**s**" moves to the adjective: "kleine**s** Messer"
- the **plural** "e" of "di**e**" moves to the adjective: "klein**e** Gabeln", "klein**e** Löffel", "klein**e** Messer"

Nominative singular and plural:

Masculine: kleiner Löffel
Feminine: kleine Gabel
Neuter: kleines Messer
Plural: kleine Löffel, kleine Gabeln, kleine Messer

Genitive singular and plural:

Masculine: kleinen Löffels
Feminine: kleiner Gabel
Neuter: kleinen Messers
Plural: kleiner Löffel, kleiner Gabeln, kleiner Messer

Dative singular and plural:

Masculine: kleinem Löffel
Feminine: kleiner Gabel
Neuter: kleinem Messer
Plural: kleinen Löffeln, kleinen Gabeln, kleinen
Messern

Accusative singular and plural:

Masculine: kleinen Löffel
Feminine: kleine Gabel
Neuter: kleines Messer
Plural: kleine Löffel, kleine Gabeln, kleine Messer

Exercise III:

Fill in the missing adjective endings.
(IF NECESSARY, LOOK UP THE GENDER OF THE NOUNS!)*

groß____ Preis

gut____ Frage

toll____ Auto

viel____ Menschen

der Preis groß____ Mutes

der Preis europäisch____ Biers

der Preis alt____ Bücher

der Effekt groß____ Angst

scheu____ Kinder

Wir helfen scheu____ Kindern.

Klein____ Mann, was nun?

Jung____ Frau, wie geht's?

nicht zu viel____ Bonbons für klein____ Kinder

die Entdeckung neu____ Lebens auf dem Mars

die Antwort auf viel____ wichtig____ Fragen

der Effekt neu____ Technologie

Der Buchtitel lautet: "Alt____ Mann in jung____ Körper"

---

* see p. 71

Mixed Exercises I, II, III:

Fill in all missing endings:
"der words", "ein words", and adjectives.
(IF NECESSARY, LOOK UP THE GENDER OF THE NOUNS!)*

Erst____ Frage: Wo wohnen Ihr____ neu____
Freunde?

Zweit____ Frage: Was ist Ihr____ alt____ Adresse?

Manch____ Kinder haben schon groß____ Sorgen.

Den viel____ Kindern mit groß____ Sorgen müssen wir helfen.

Gut____ Arbeit verdient gut____ Geld.

Kannst du mein____ klein____ Sohn den rot____ Ball geben?

Unser neu____ Theater ist sehr modern. Das alt____ Theater
hatte viel____ Probleme.

Schenkst du dein____ jünger____ Sohn rot____ Schuhe?

Schenkst du dein____ Töchtern rot____ Pullover?

Gut____ Essen macht viel Arbeit.

Gut____ Arbeit kann dich vielleicht reich machen!

Mit dein____ best____ Freund und dein____ best____ Freundin
kannst du gern zum Camping fahren.

Ohne dein____ klein____ Bruder und dein____ klein____
Schwester kannst du Oma nicht besuchen.

Du darfst nicht ohne dein____ groß____ Geschwister auf den
Hof gehen.

* see p. 71

Klein_____ Hase, klein_____ Maus
(Ein_____ klein_____ Geschichte für klein_____ Kinder)

Ein klein_____ Hase und ein_____ klein_____ Maus wohnen in
ein_____ dunkl_____ Wald hinter unser_____ grün_____ Garten.
Nachts, wenn wir schlafen, kommen die klein_____ Maus und
der klein_____ Hase in unser_____ Garten und fressen unser_____
rot_____ Karotten.

Unser jüngst_____ Sohn, Peter, will die beid_____ klein_____ Tiere
unbedingt einmal sehen. Deshalb setzt er sich eines Abends auf
das blau_____ Sofa vor unser_____ breit_____ Wohnzimmerfester,
schaltet das Licht aus und wartet. Er schaut zum dunkl_____
Wald und hofft, dass die beid_____ klein_____ Tiere kommen.
Er wartet und wartet, und dabei schläft er ein. Wir tragen ihn
dann in sein klein_____ Kinderzimmer und legen ihn in sein
weich_____ Bett.

Am nächsten Morgen läuft Peter aufgeregt in die klein_____
Küche, wo die Mutter ein lecker_____ Frühstück vorbereitet.

„Mutti, Mutti!" ruft er laut „Ich habe de_____ klein_____ Hasen
und die klein_____ Maus gesehen!"

„Wirklich?", fragte die Mutter und lächelt. „Was haben sie
gemacht?"

„Ich habe ihnen frisch_____ Gemüse gegeben und sie haben aus
mein_____ Hand gefressen! Der Hase hatte lang_____ Ohren und
die Maus hatte eine spitz_____ Schnauze und ein_____ lang_____
Schwanz."

„Das war sicher ein schön_____ Traum", sagt die Mutter.
„Morgen bleiben wir gemeinsam wach. Wenn wir zusammen
auf de_____ blau_____ Sofa sitzen, dann schlafen wir nicht ein.
Und wenn die beid_____ klein_____ Tiere kommen, fotografieren
wir sie, und am nächst_____ Tag kannst du die Fotos in dein_____
neu_____ Schule mitnehmen und sie dein_____ nett_____ Lehrern
und de_____ ander_____ Schülern zeigen."

ALL NOUNS
USED IN THE EXERCISES

(in alphabetical order, with definite articles
and plural forms)

der Abend, die Abende – *evening*
die Adresse, die Adressen – *address*
die Akte, die Akten – *dossier*
die Angst, die Ängste – *fear*
die Antwort, die Antworten – *answer*
die Arbeit, die Arbeiten – *work*
das Armband, die Armbänder – *bracelet*
die Aufgabe, die Aufgaben – *task*
das Auge, die Augen – *eye*
das Auto, die Autos – *car*
das Baby, die Babys – *baby*
der Ball, die Bälle – *ball*
der Baum, die Bäume – *tree*
das Bett, die Betten – *bed*
das Bier, die Biere – *beer*
das Bild, die Bilder – *picture*
die Blume, die Blumen – *flower*
der Blumentopf, die Blumentöpfe – *flowerpot*
die Bluse, die Blusen – *blouse*
die Blüte, die Blüten – *blossom*
der Bonbon, die Bonbons – *candy*
die Brücke, die Brücken – *bridge*
der Bruder, die Brüder – *brother*
das Buch, die Bücher – *book*
der Buchtitel, die Buchtitel – *book title*
das Camping – *camping*
der Chauffeur, die Chauffeure – *chauffeur*
der Clown, die Clowns – *clown*
der Computer, die Computer – *computer*
das Dach, die Dächer – *roof*
die Dame, die Damen – *lady*
das Ding, die Dinge – *thing*
der Duft, die Düfte – *scent*
die Ecke, die Ecken – *corner*
der Effekt, die Effekte – *impact*
die Ehefrau, die Ehefrauen – *wife*
der Ehemann, die Ehemänner – *husband*
die Eltern (pl.) – *parents*
die Entdeckung, die Entdeckungen – *discovery*

die Erde, die Erden – *soil, earth*
das Essen – *food*
das Fahrrad, die Fahrräder – *bicycle*
die Farbe, die Farben – *color, paint*
das Fell, die Felle – *fur*
das Fenster, die Fenster – *window*
der Fernseher, die Fernseher – *TV set*
der Film, die Filme – *movie*
die Flasche, die Flaschen – *bottle*
der Fluss, die Flüsse – *river*
der Förster, die Förster – *forest ranger*
das Foto, die Fotos – *photo*
die Frage, die Fragen – *question*
der Franzose, die Franzosen – *Frenchman*
die Frau, die Frauen – *woman*
der Freund, die Freunde – *friend*
die Freundin, die Freundinnen – *girlfriend*
das Frühstück, die Frühstücke – *breakfast*
die Garage, die Garagen – *garage*
der Garten, die Gärten – *garden*
der Geburtstag, die Geburtstage – *birthday*
das Geld, die Gelder – *money*
das Gemüse – *vegetables*
die Geschichte, die Geschichten – *story, history*
die Geschwister – *siblings*
die Gitarre, die Gitarren – *guitar*
der Gürtel, die Gürtel – *belt*
der Hamster, die Hamster – *hamster*
die Hand, die Hände – *hand*
der Hase, die Hasen – *bunny*
das Haus, die Häuser – *house*
das Hemd, die Hemden – *shirt*
der Herr, die Herren – *sir, gentleman*
der Hof, die Höfe – *court*
die Hose, die Hosen – *pants*
der Hund, die Hunde – *dog*
der Hut, die Hüte – *hat*
das Instrument, die Instrumente – *instrument*
die Jacke, die Jacken – *jacket*

das Jahr, die Jahre – *year*
der Junge, die Jungen (die Jungs) – *boy*
die Kaffeemaschine, die Kaffeemaschinen – *coffee machine*
die Karotte, die Karotten – *carrot*
der Kater, die Kater – *tomcat*
das Kätzchen, die Kätzchen – *kitten*
die Katze, die Katzen – *cat*
der Käufer, die Käufer – *buyer*
der Kellner, die Kellner – *waiter*
die Kellnerin, die Kellnerinnen – *waitress*
das Kind, die Kinder – *child*
der Kindergarten, die Kindergärten – *kindergarten*
das Kinderzimmer, die Kinderzimmer – *kid's room*
das Kissen, die Kissen – *pillow*
die Kiste, die Kisten – *box, chest*
das Kleid, die Kleider – *dress*
der Klub, die Klubs – *club*
der Knopf, die Knöpfe – *button*
der Kollege, die Kollegen – *colleague*
die Kollegin, die Koleginnen – *female colleague*
der Korken, die Korken – *cork*
der Körper, die Körper – *body*
der Kragen, die Kragen – *collar*
die Küche, die Küchen – *kitchen*
das Küchenfenster, die Küchenfenster – *kitchen window*
der Küchenschrank, die Küchenschränke – *kitchen cabinet*
der Kühlschrank, die Kühlschränke – *refrigerator*
der Kunde, die Kunden – *client*
die Kurzgeschichte, die Kurzgeschichten – *short story*
die Kusine, die Kusinen – *cousin*
die Lampe, die Lampen – *lamp*
das Land, die Länder – *country, countryside*
der Laptop, die Laptops – *laptop*
das Leben, die Leben – *life*
der Lehrer, die Lehrer – *teacher*
die Lehrerin, die Lehrerinnen – *female teacher*
die Leute (pl.) – *people*
das Licht, die Lichter – *light*
das Loch, die Löcher – *hole*

der Löffel, die Löffel – *spoon*
die Lösung, die Lösungen – *solution*
das Mädchen, die Mädchen – *girl*
der Mann, die Männer – *man*
die Mannschaft, die Mannschaften – *team*
der Mantel, die Mäntel – *coat*
der Markt, die Märkte – *market*
der Mars – *Mars*
die Maus, die Mäuse – *mouse*
der Mensch, die Menschen – *human being*
das Messer, die Messer – *knife*
der Mieter, die Mieter – *renter, lessee*
die Mikrowelle, die Mikrowellen – *microwave*
die Milch – *milk*
die Mitte, die Mitten – *middle*
der Monat, die Monate – *month*
der Monitor, die Monitore – *monitor*
der Morgen, die Morgen – *morning*
der Motor, die Motoren – *engine*
das Museum, die Museen – *museum*
der Mut – *courage*
die Mutter, die Mütter – *mother*
die Mutti, die Muttis – *mom*
der Nachbar, die Nachbarn – *neighbor*
die Nacht, die Nächte – *night*
die Nase, die Nasen – *nose*
der Neffe, die Neffen – *nephew*
das Obst – *fruit*
der Obstbaum, die Obstbäume – *fruit tree*
das Ohr, die Ohren – *ear*
die Oma, die Omas – *grandma*
der Park, die Parks – *park*
die Pflanze, die Pflanzen – *plant*
der Preis, die Preise – *price, prize*
das Problem, die Probleme – *problem*
der Pudel, die Pudel – *poodle*
der Pullover, die Pullover – *pullover*
die Puppe, die Puppen – *doll*
der Raum, die Räume – *room, space*

die Ring, die Ringe – *ring*
die Rose, die Rosen – *rose*
die Sache, die Sachen – *thing, stuff*
der Samstag, die Samstage – *Saturday*
der Scanner, die Scanner – *scanner*
die Schaukel, die Schaukeln – *swing*
die Schnauze, die Schnauzen – *muzzle, snout*
der Schrank, die Schränke – *cabinet, closet, cupboard*
der Schrei, die Schreie – *cry*
der Schreibtisch, die Schreibtische – *desk*
der Schuh, die Schuhe – *shoe*
die Schule, die Schulen – *school*
der Schüler, die Schüler – *pupil, student*
der Schulkamerad, die Schulkameraden – *schoolmate*
der Schwager, die Schwager – *brother-in-law*
die Schwägerin, die Schwägerinnen – *sister-in-law*
der Schwanz, die Schwänze – *tail*
die Schwester, die Schwestern – *sister*
die Schwiegermutter, die Schwiegermütter – *mother-in-law*
das Schwimmbecken, die Schwimmbecken – *swimming pool*
die Seite, die Seiten – *page, side*
das Sofa, die Sofas – *sofa*
der Sohn, die Söhne – *son*
die Sorge, die Sorgen – *worry, trouble*
der Spielplatz, die Spielplätze – *playground*
das Spielzeug, die Spielzeuge – *toy*
die Stadt, die Städte – *city, town*
der Stadtrand, die Stadtränder – *outskirts*
der Stift, die Stifte – *pen*
die Story, die Storys – *story*
die Straße, die Straßen – *street*
der Student, die Studenten – *college student*
der Tag, die Tage – *evening*
die Tanne, die Tannen – *fir tree*
die Tante, die Tanten – *aunt*
die Tasche, die Taschen – *bag, pocket*
die Tastatur, die Tastaturen – *keyboard*
die Technologie, die Technologien – *technology*
der Teller, die Teller – *plate*

das Theater, die Theater – *theater*
das Tier, die Tiere – *animal*
der Tisch, die Tische – *table*
die Tochter, die Töchter – *daughter*
der Topf, die Töpfe – *pot*
das Tor, die Tore – *gate*
der Tourist, die Touristen – *tourist*
der Turm, die Türme – *tower*
der Träger, die Träger – *strap; carrier*
der Traum, die Träume – *dream*
das T-Shirt, die T-Shirts – *t-shirt*
die Tulpe, die Tulpen – *tulip*
die Tür, die Türen – *door*
die Uhr, die Uhren – *clock, watch*
der Urlaub – *vacation, holidays*
die Vase, die Vasen – *vase*
der Verkehr – *traffic*
der Wagen, die Wagen – *car, vehicle*
die Wahrheit, die Wahrheiten – *truth*
der Wald, die Wälder – *forest*
der Wanderweg, die Wanderwege – *hiking trail*
die Waschmaschine, die Waschmaschinen – *washing machine*
das Wasser – *water*
das Wetter – *weather*
die Wiese, die Wiesen – *lawn, meadow*
der Witz, die Witze – *joke*
die Woche, die Wochen – *week*
die Wohnung, die Wohnungen – *apartment*
das Wohnzimmerfester, die Wohnzimmerfester –
living room window
das Wort, die Wörter (die Worte) – *word*
das Zentrum, die Zentren – *center*
das Zimmer, die Zimmer – *room*

ALL VERBS
USED IN THE EXERCISES

(in alphabetical order, including:
- conjugation
- cases required by the verb
- prepositions + cases after the verb)

anschauen *(look at)*
Present tense: ich schaue an, du schaust an...
Simple past: ich schaute an, du schautest an...
Present perfect: ich habe angeschaut
Followed by accusative: Ich schaue den Mann an.
(see also: schauen)

antworten *(answer)*
Present tense: ich antworte, du antwortest...
Simple past: ich antwortete, du antwortetest...
Present perfect: ich habe geantwortet
Followed by dative: Ich antworte meinem Lehrer.
Examples of prepositions after the verb: auf + *accusative*:
Ich antworte auf die Frage.
(see also: beantworten)

arbeiten *(work)*
Present tense: ich arbeite, du arbeitest...
Simple past: ich arbeitete, du arbeitetest...
Present perfect: ich habe gearbeitet
Examples of prepositions after the verb: an + *dative*; in + *dative*:
Ich arbeite an dem Buch. Ich arbeite in dem Haus.

ausschalten *(switch off)*
Present tense: ich schalte aus, du schaltest aus...
Simple past: ich schaltete aus, du schaltetest aus...
Present perfect: ich habe ausgeschaltet
Followed by accusative: Ich schalte den Fernseher aus.

beantworten *(answer)*
Present tense: ich beantworte, du beantwortest...
Simple past: ich beantwortete, du beantwortetest...
Present perfect: ich habe beantwortet
Followed by dative [recipient] **and accusative** [object]**:**
Ich beantworte meinem Bruder die Frage.
(see also: antworten)

besuchen *(visit)*
Present tense: ich besuche, du besuchst...
Simple past: ich besuchte, du besuchtest...
Present perfect: ich habe besucht
Followed by accusative: Ich besuche meinen Bruder.

bleiben *(remain)*
Present tense: ich bleibe, du bleibst...
Simple past: ich blieb, du bliebst...
Present perfect: ich bin geblieben
Examples of prepositions after the verb: in + *dative*; auf + *dative*:
Ich bleibe im [= in dem] Haus. Er bleibt auf dem Dach.

brauchen *(need)*
Present tense: ich brauche, du brauchst...
Simple past: ich brauchte, du brauchtest...
Present perfect: ich habe gebraucht
Followed by accusative: Ich brauche meinen Mantel.

dürfen *(be allowed to)*
(modal verb; often with a second verb in infinitive)
Present tense: ich darf, du darfst, wir dürfen...
Simple past: ich durfte, du durftest...
Present perfect: ich habe gedurft
In combination with second verb: Ich darf nichts essen.

einschlafen *(fall asleep)*
Present tense: ich schlafe ein, du schläfst ein...
Simple past: ich schlief ein, du schliefst ein...
Present perfect: ich bin eingeschlafen
Examples of prepositions after the verb: in + *dative*; an + *dative*:
Ich schlafe im [= in dem] Sessel ein. Er schläft am Abend ein.
(see also: schlafen)

fahren *(drive, ride)*

Present tense: ich fahre, du fährst...
Simple past: ich fuhr, du fuhrst...
Present perfect: ich bin gefahren
Examples of prepositions after the verb:
in + *dative;* in + *accusative;*
nach + *dative;* an + *accusative:*
Ich fahre in meinem Auto. Er fährt in die Garage.
Du fährst nach Berlin. Wir fahren an den Ozean.

fällen *(fell, hew, chop [tree])*

Present tense: ich fälle, du fällst...
Simple past: ich fällte, du fälltest...
Present perfect: ich habe gefällt
Followed by accusative: Ich fälle den Baum.

finden *(find)*

Present tense: ich finde, du findest...
Simple past: ich fand, du fandest...
Present perfect: ich habe gefunden
Followed by accusative: Ich finde den Kater.
Examples of prepositions after the verb: in + *dative;*
unter + *dative;* hinter + *dative:*
Ich finde den Kater in der Küche. Ich finde den Kater unter dem
Bett. Ich finde den Kater hinter dem Schrank.

fotografieren *(photograph)*

Present tense: ich fotografiere, du fotografierst...
Simple past: ich fotografierte, du fotografiertest...
Present perfect: ich habe fotografiert
Followed by accusative: Ich fotografiere den Wald.

fragen *(ask)*
Present tense: ich frage, du fragst...
Simple past: ich fragte, du fragtest...
Present perfect: ich habe gefragt
Followed by accusative: Ich frage den Lehrer.
Examples of prepositions after the verb: nach + *dativ*:
Ich frage die Mutter nach der Gesundheit meines Bruders.

fressen *([animals] eat)*
Present tense: ich fresse, du frisst...
Simple past: ich fraß, du fraßest...
Present perfect: ich habe gefressen
Followed by accusative: Der Kater frisst die Maus.

funktionieren *(function)*
Present tense: ich funktioniere, du funktionierst...
Simple past: ich funktionierte, du funktioniertest...
Present perfect: ich habe funktioniert
Der Fernseher funktioniert nicht.

geben *(give)*
Present tense: ich gebe, du gibst...
Simple past: ich gab, du gabst...
Present perfect: ich habe gegeben
Followed by dative [recipient] **and accusative** [object]:
Ich gebe meinem Bruder den Laptop.
(see also: weggeben)

gefallen *(like)*
Present tense: ich gefalle, du gefällst...
Simple past: ich gefiel, du gefielst...
Present perfect: ich habe gefallen
Followed by dative [the person who likes the subject]:
Das Buch gefällt dem Schüler.

gehen *(go, walk)*
Present tense: ich gehe, du gehst...
Simple past: ich ging, du gingst...
Present perfect: ich bin gegangen
Examples of prepositions after the verb:
in + *dative or accusative;*
durch + *accusative;* um + *accusative:*
Ich gehe im [= in dem] Haus. [location]
Ich gehe in das Haus. [direction; movement *into*]
Er geht um das Haus. Sie gehen durch den Wald.

gehören *(belong)*
Present tense: ich gehöre, du gehörst...
Simple past: ich gehörte, du gehörtest...
Present perfect: ich habe gehört
Followed by dative [the owner]:
Das Buch gehört meinem Lehrer.
Examples of prepositions after the verb [where something belongs]: auf + *accusative;* in + *accusative:*
Der Teller gehört auf den Tisch. Das Buch gehört in das Regal.

haben *(have)*
Present tense: ich habe, du hast...
Simple past: ich hatte, du hattest...
Present perfect: ich habe gehabt
Followed by accusative: Ich habe einen Bruder.

heben *(lift)*
Present tense: ich hebe, du hebst...
Simple past: ich hob, du hobst...
Present perfect: ich habe gehoben
Followed by accusative: Ich hebe den Tisch.

heißen *(be named, be called)*
Present tense: ich heiße, du heißt...
Simple past: ich hieß, du hießest...
Present perfect: ich habe geheißen
Ich heiße Peter. Wie heißt "Haus" auf Englisch?

helfen *(help)*
Present tense: ich helfe, du hilfst...
Simple past: ich half, du halfst...
Present perfect: ich habe geholfen
Followed by dative: Ich helfe meinem Bruder.
Examples of prepositions after the verb:
beim [= bei dem] + *nominalized infinitive;*
mit + *dative:*
Ich helfe meinem Bruder beim Einkaufen.
Ich helfe meiner Mutter mit der Wäsche

herkommen *(come her)*
Present tense: ich komme her, du kommst her...
Simple past: ich kam her, du kamst her...
Present perfect: ich bin hergekommen
(see also: kommen)

holen *(go and get, fetch)*
Present tense: ich hole, du holst...
Simple past: ich holte, du holtest...
Present perfect: ich habe geholt
Followed by dative [recipient] ***and accusative*** [object]:
Ich hole meinem Bruder den Laptop.

kaufen *(buy)*
Present tense: ich kaufe, du kaufst...
Simple past: ich kaufte, du kauftest...
Present perfect: ich habe gekauft
Followed by dative [recipient] ***and accusative*** [object]:
Ich kaufe meinem Bruder einen Laptop.

kennen *(know someone, something)*
Present tense: ich kenne, du kennst...
Simple past: ich kannte, du kanntest...
Present perfect: ich habe gekannt
Followed by accusative: Ich kenne deinen Bruder.

kommen *(come)*
Present tense: ich komme, du kommst...
Simple past: ich kam, du kamst...
Present perfect: ich bin gekommen
Examples of prepositions after the verb:
in + *accusative;* auf + *accusative;* nach + *dative:*
Ich komme in das Haus. Er kommt auf das Dach.
Wir kommen nach Berlin.

können *(can, be able to)*
(modal verb; often with a second verb in infinitive)
Present tense: ich kann, du kannst, wir können...
Simple past: ich konnte, du konntest...
Present perfect: ich habe gekonnt
In combination with second verb: Ich kann nicht schwimmen.

lächeln *(smile)*
Present tense: ich lächle, du lächelst...
Simple past: ich lächelte, du lächeltest...
Present perfect: ich habe gelächelt

laufen *(walk, run)*
Present tense: ich laufe, du läufst...
Simple past: ich lief, du liefst...
Present perfect: ich bin gelaufen
Examples of prepositions after the verb:
in + *dative or accusative;*
durch + *accusative;* um + *accusative:*
Ich laufe im [= in dem] Haus. [location]
Ich laufe in das Haus. [direction; movement *into*]
Er läuft um das Haus. Sie laufen durch den Wald.

leben *(live)*
Present tense: ich lebe, du lebst...
Simple past: ich lebte, du lebtest...
Present perfect: ich habe gelebt
Examples of prepositions after the verb:
in + *dative;* auf + *dative:*
Ich lebe in der Stadt. Er lebt auf dem Land.

legen *(lay, put [in a lying position])*
Present tense: ich lege, du legst...
Simple past: ich legte, du legtest...
Present perfect: ich habe gelegt
Followed by accusative [the object, or reflexive pronoun]:
Ich lege das Buch auf den Tisch. Ich lege mich in das Bett.
Examples of prepositions after the verb:
auf + *accusative;* in + *accusative:*
Ich lege das Buch auf den Tisch. Sie legt sich in das Bett.

leihen *(borrow, lend, loan)*
Present tense: ich leihe, du leihst...
Simple past: ich lieh, du liehest...
Present perfect: ich habe geliehen
Followed by dative [the recipient] ***and accusative*** [the object]:
Ich leihe meinem Bruder mein Auto.
Examples of prepositions after the verb:
von + *dative* [the person I am borrowing from]:
Ich leihe das Buch von meinem Bruder.

lernen *(learn, study)*
Present tense: ich lerne, du lernst...
Simple past: ich lernte, du lerntest...
Present perfect: ich habe gelernt
Followed by accusative: Ich lerne das Wort. Ich lerne Deutsch.

lieben *(love)*
Present tense: ich liebe, du liebst...
Simple past: ich liebte, du liebtest...
Present perfect: ich habe geliebt
Followed by accusative: Sie liebt den Mann.

liefern *(deliver)*
Present tense: ich liefere, du lieferst...
Simple past: ich lieferte, du liefertest...
Present perfect: ich habe geliefert
Followed by dative [recipient] **and accusative** [object]:
Er liefert meinem Bruder den Laptop.

liegen *(be lying)*
Present tense: ich liege, du liegst...
Simple past: ich lag, du lagst...
Present perfect: ich habe gelegen
Examples of prepositions after the verb:
in + *dative*; auf + *dative*:
Die Hose liegt im [= in dem] Schrank.
Das Buch liegt auf dem Tisch.

machen *(make, do)*
Present tense: ich mache, du machst...
Simple past: ich machte, du machtest...
Present perfect: ich habe gemacht
Followed by accusative: Ich mache das Bett.
Sie macht ihre Arbeit.
Idiomatic expression: Arbeit machen
(something is [a lot of] work):
Dieses Essay macht mir viel Arbeit.

malen *(paint)*
Present tense: ich male, du malst...
Simple past: ich malte, du maltest...
Present perfect: ich habe gemalt
Followed by accusative: Ich male ein Bild.

mieten *(rent)*
Present tense: ich miete, du mietest...
Simple past: ich mietete, du mietetest...
Present perfect: ich habe gemietet
Followed by accusative:
Ich miete eine Wohnung.

mitnehmen *(take with you)*
Present tense: ich nehme mit, du nimmst mit...
Simple past: ich nahm mit, du nahmst mit...
Present perfect: ich habe mitgenommen
Followed by accusative: Ich nehme das Buch mit.
Examples of prepositions after the verb:
nach + *dative*:
Ich nehme das Buch nach Berlin mit.
(*see also:* nehmen)

mögen *(like)*
(modal verb; often with a second verb in infinitive)
Present tense: ich mag, du magst, wir mögen...
Simple past: ich mochte, du mochtest...
Present perfect: ich habe gemocht
Followed by accusative:
Ich mag das Buch
In combination with second verb: Ich mag singen.

Subjunctive: **möchten** *(would like)*
Present tense: ich möchte, du möchtest...
Followed by accusative:
Ich möchte diesen Wein.
In combination with second verb: Ich möchte etwas essen.

müssen *(must, have to)*
(modal verb; often with a second verb in infinitive)
Present tense: ich muss, du musst, wir müssen...
Simple past: ich musste, du musstest...
Present perfect: ich habe gemusst
In combination with second verb: Er muss lernen.

nehmen *(take)*
Present tense: ich nehme, du nimmst...
Simple past: ich nahm, du nahmst...
Present perfect: ich habe genommen
Followed by accusative: Ich nehme diesen Wein.

parken *(park)*
Present tense: ich parke, du parkst...
Simple past: ich parkte, du parktest...
Present perfect: ich habe geparkt
Followed by accusative:
Ich parke das Auto.
Examples of prepositions after the verb:
in + *dative*; auf + *dative*:
Er parkt das Auto in der Garage.
Wir parken das Fahrrad auf dem Parkplatz.

passen *(fit, match)*
Present tense: ich passe, du passt...
Simple past: ich passte, du passtest...
Present perfect: ich habe gepasst
Followed by dative:
Die Hose passt mir.
Examples of prepositions after the verb:
zu + *dative*: Die Hose passt zu dem Hemd.

pflanzen *(plant)*
Present tense: ich pflanze, du pflanzt...
Simple past: ich pflanzte, du pflanztest...
Present perfect: ich habe gepflanzt
Followed by accusative:
Ich pflanze den Baum.
Examples of prepositions after the verb:
in + *dative*; auf + *dative*:
Er pflanzt die Blumen im [= in dem] Garten.
Wir pflanzen einen Baum auf dem Hof.

rennen *(run)*
Present tense: ich renne, du rennst...
Simple past: ich rannte, du ranntest...
Present perfect: ich bin gerannt
Examples of prepositions after the verb:
in + *dative or accusative;*
durch + *accusative;* um + *accusative:*
Ich renne im [= in dem] Hof. [location]
Ich renne in das Haus. [direction; movement *into*]
Er rennt um das Haus. Sie rennen durch den Wald.

rufen *(shout, call)*
Present tense: ich rufe, du rufst...
Simple past: ich rief, du riefst...
Present perfect: ich habe gerufen
Followed by accusative: Ich rufe meinen Bruder.

schauen *(look)*
Present tense: ich schaue, du schaust...
Simple past: ich schaute, du schautest...
Present perfect: ich habe geschaut
Examples of prepositions after the verb:
in + *accusative;* auf + *accusative;* zu + *dative:*
Ich schaue in den Raum. Ich schaue auf den Tisch.
Er schaut zu seinem Bruder.
(*see also:* anschauen)

scheinen *(seem, shine)*
Present tense: ich scheine, du scheinst...
Simple past: ich schien, du schienst...
Present perfect: ich habe geschienen

1. to seem
(*often with "zu" and a second verb in infinitive*)
Er scheint krank zu sein.

2. to shine
Die Sonne scheint.

schenken *(give as a gift)*
Present tense: ich schenke, du schenkst...
Simple past: ich schenkte, du schenktest...
Present perfect: ich habe geschenkt
Followed by dative [recipient] **and accusative** [object]**:**
Er schenkt meinem Bruder einen Laptop.
(see also: verschenken)

schicken *(send)*
Present tense: ich schicke, du schickst...
Simple past: ich schickte, du schicktest...
Present perfect: ich habe geschickt
Followed by dative [recipient] **and accusative** [object]**:**
Ich schicke meinem Bruder meinen Laptop.

schlafen *(sleep)*
Present tense: ich schlafe, du schläfst...
Simple past: ich schlief, du schliefst...
Present perfect: ich habe geschlafen
Examples of prepositions after the verb: in + *dative*; auf + *dative*:
Ich schlafe im [= in dem] Bett. Er schläft auf dem Sofa.
(see also: einschlafen)

schreien *(shout, scream)*
Present tense: ich schreie, du schreist...
Simple past: ich schrie, du schriest...
Present perfect: ich habe geschrien
Examples of prepositions after the verb:
nach + *dative*; zu + *dative*:
Ich schreie nach meinem Bruder. Ich schreie zu dem Haus.

schwimmen *(swim)*
Present tense: ich schwimme, du schwimmst...
Simple past: ich schwamm, du schwammst...
Present perfect: ich bin geschwommen
Examples of prepositions after the verb:
in + *dative*: Ich schwimme im [= in dem] Fluss.

sehen *(see)*
Present tense: ich sehe, du siehst...
Simple past: ich sah, du sahst...
Present perfect: ich habe gesehen
Followed by accusative: Ich sehe meinen Bruder.

sein *(be)*
Present tense: ich bin, du bist, er ist, wir sind, ihr seid, sie sind
Simple past:
ich war, du warst, er war, wir waren, ihr wart, sie waren
Present perfect: ich bin gewesen
Ich bin krank. Er ist Lehrer. Das Haus ist dort.

setzen *(sit, seat)*
Present tense: ich setze, du stetzt...
Simple past: ich setzte, du setztest...
Present perfect: ich habe gesetzt
Followed by accusative [the object, or reflexive pronoun]:
Ich setze das Kind auf den Stuhl. Ich setze mich in den Sessel.
Examples of prepositions after the verb:
auf + *accusative*; in + *accusative*:
Ich setze die Puppe auf das Sofa. Sie setzt sich in den Sessel.

singen *(sing)*
Present tense: ich singe, du singst...
Simple past: ich sang, du sangst...
Present perfect: ich habe gesungen
Followed by accusative: Ich singe das Lied.

sitzen *(be seating)*
Present tense: ich sitze, du sitzt...
Simple past: ich saß, du saßest, er saß...
Present perfect: ich habe gesessen
Examples of prepositions after the verb:
in + *dative*; auf + *dative*:
Ich sitze im [= in dem] Sessel.
Er sitzt auf dem Stuhl.

spazieren gehen *(go for a walk)*
Present tense: ich gehe spazieren, du gehst spazieren...
Simple past: ich ging spazieren, du gingst spazieren...
Present perfect: ich bin spazieren gegangen
Examples of prepositions after the verb:
in + *dative*: Wir gehen im [= in dem] Park spazieren.

spielen *(play)*
Present tense: ich spiele, du spielst...
Simple past: ich spielte, du spieltest...
Present perfect: ich habe gespielt
Followed by accusative:
Ich spiele ein Spiel.
Examples of prepositions after the verb:
mit + *dative*; gegen + *accusative*:
Er spielt mit seinen Freunden. Sie spielt gegen ihren Bruder.

sprechen *(speak)*
Present tense: ich spreche, du sprichst...
Simple past: ich sprach, du sprachst...
Present perfect: ich habe gesprochen
Examples of prepositions after the verb:
mit + *dative*; über + *accusative*:
Er spricht mit seinem Bruder. Sie sprechen über den Vater.

stehen *(be standing)*
Present tense: ich stehe, du stehst...
Simple past: ich stand, du standest...
Present perfect: ich habe gestanden
Examples of prepositions after the verb:
in + *dative*; auf + *dative*:
Ich stehe im [= in dem] Zimmer.
Er steht auf einem Stuhl.

stellen *(place or put [in a standing position])*
Present tense: ich stelle, du stellst...
Simple past: ich stellte, du stelltest...
Present perfect: ich habe gestellt
Followed by accusative [the object, or reflexive pronoun]:
Ich stelle das Glas auf den Tisch. Ich stelle mich neben sie.
Examples of prepositions after the verb:
auf + *accusative;* in + *accusative;* neben + *accusative:*
Ich stelle das Glas auf den Tisch. Wir stellen uns in die Schlange.
Sie stellt sich neben mich.
Idiomatic expression: eine Frage stellen
(*to ask a question*):
Die Schüler stellen viele Fragen.

suchen *(search, look for)*
Present tense: ich suche, du suchst...
Simple past: ich suchte, du suchtest...
Present perfect: ich habe gesucht
Followed by accusative:
Ich suche meinen Bruder.
Examples of prepositions after the verb:
nach + *dative:*
Er sucht nach seinem Bruder.

tragen *(carry, wear)*
Present tense: ich trage, du trägst...
Simple past: ich trug, du trugst...
Present perfect: ich habe getragen
Followed by accusative:
Ich trage meine Tasche.

tun *(do, make)*
Present tense: ich tue, du tust...
Simple past: ich tat, du tatest...
Present perfect: ich habe getan
Was tust du? Ich tue heute nichts. Warum tust du das?

verbringen *(spend [time])*
Present tense: ich verbringe, du verbringst...
Simple past: ich verbrachte, du verbrachtest...
Present perfect: ich habe verbracht
Followed by accusative:
Ich verbringe meinen Urlaub in Italien.
Examples of prepositions after the verb:
mit + *dative;* in + *dative:*
Ich verbringe meine Zeit mit Spielen.
Sie verbringt ihren Urlaub in Frankreich.

verdienen *(earn)*
Present tense: ich verdiene, du verdienst...
Simple past: ich verdiente, du verdientest...
Present perfect: ich habe verdient
Followed by accusative:
Ich verdiene wenig Geld. Er verdient das nicht.

vergessen *(forget)*
Present tense: ich vergesse, du vergisst...
Simple past: ich vergaß, du vergaßest, er vergaß...
Present perfect: ich habe vergessen
Followed by accusative:
Er vergisst ihren Geburtstag.

verkaufen *(sell)*
Present tense: ich verkaufe, du verkaufst...
Simple past: ich verkaufte, du verkauftest...
Present perfect: ich habe verkauft
Followed by accusative:
Ich verkaufe meinen Wagen.
Examples of prepositions after the verb:
an + *accusative:*
Ich verkaufe mein Auto an meinen Nachbarn.

verlieren *(lose)*
Present tense: ich verliere, du verlierst...
Simple past: ich verlor, du verlorst...
Present perfect: ich habe verloren
Followed by accusative:
Ich verliere das Spiel.

verschenken *(give away [as a gift])*
Present tense: ich verschenke, du verschenkst...
Simple past: ich verschenkte, du verschenktest...
Present perfect: ich habe verschenkt
Followed by accusative:
Ich verschenke mein Fahrrad.
Examples of prepositions after the verb:
an + *accusative*:
Er verschenkt sein altes Auto an seinen Freund.
(*see also:* schenken)

verstehen *(understand)*
Present tense: ich verstehe, du verstehst...
Simple past: ich verstand, du verstandest...
Present perfect: ich habe verstanden
Followed by accusative:
Ich verstehe kein Wort. Sie versteht ihn.

vorbereiten *(prepare)*
Present tense: ich bereite vor, du bereitest vor...
Simple past: ich bereitete vor, du bereitetest vor...
Present perfect: ich habe vorbereitet
Followed by accusative [the object, or reflexive pronoun]:
Ich bereite das Essen vor. Sie bereitet sich vor.
Examples of prepositions after the verb:
auf + *accusative*:
Ich bereite mich auf den Abend vor.

wachsen *(grow)*
Present tense: ich wachse, du wächst...
Simple past: ich wuchs, du wuchsest...
Present perfect: ich bin gewachsen
Das Kind wächst schnell.

warten *(wait)*
Present tense: ich warte, du wartest...
Simple past: ich wartete, du wartetest...
Present perfect: ich habe gewartet
Examples of prepositions after the verb:
auf + *accusative*:
Ich warte auf meinen Freund.

waschen *(wash)*
Present tense: ich wasche, du wäschst...
Simple past: ich wusch, du wuschest, er wusch...
Present perfect: ich habe gewaschen
Followed by accusative [the object, or reflexive pronoun]:
Ich wasche das Kind. Ich wasche mich.

weggeben *(give away)*
Present tense: ich gebe weg, du gibst weg...
Simple past: ich gab weg, du gabst weg...
Present perfect: ich habe weggegeben
Followed by accusative:
Ich gebe mein altes Buch weg.
(*see also:* geben)

werden *(become; will; is being...)*
Present tense: ich ich werde, du wirst, er wird...
Simple past: ich wurde, du wurdest...
Present perfect: ich bin geworden
1. to become
Er wird Lehrer. Sie wird Mutter.
2. (with second verb in infinitive) future tense
Ich werde morgen singen.
3. (with second verb as participle) passive voice
Das Kind wird aus dem Kindergarten geholt.

wissen *(know, be in the know)*
Present tense:
ich weiß, du weißt, er weiß, wir wissen, ihr wisst, sie wissen
Simple past: ich wusste, du wusstest...
Present perfect: ich habe gewusst
Ich weiß. Ich weiß das. Ich habe das nicht gewusst.

wohnen *(live, reside)*
Present tense: ich wohne, du wohnst...
Simple past: ich wohnte, du wohntest...
Present perfect: ich habe gewohnt
Examples of prepositions after the verb:
in + *dative;* auf + *dative:*
Ich wohne in der Stadt. Sie wohnen auf einem Berg.

wollen *(want)*
(modal verb; often with a second verb in infinitive)
Present tense: ich will, du willst, wir wollen...
Simple past: ich wollte, du wolltest...
Present perfect: ich habe gewollt
In combination with second verb: Er will singen.

zeigen *(show)*

Present tense: ich zeige, du zeigst...
Simple past: ich zeigte, du zeigtest...
Present perfect: ich habe gezeigt
Followed by dative [the person profiting from the action]
and accusative [object]**:**
Ich zeige meinem Bruder den Wagen.

ANSWER KEY

Exercise I-1:

die kleine Schwester
der kleine Bruder
das kleine Haus
welcher braune Tisch
jedes neue Wort
so mancher schöne Tag
Das ist das neue Fahrrad von Peter.
Das ist dieses neue Fahrrad von Peter.
Wo ist der alte Schreibtisch von Petra?
Dort ist jener alte Schreibtisch von Petra.
Das scheint die schicke Wohnung von Max zu sein.
Diese schicke Wohnung ist viel zu teuer.
Wo ist das neue Auto von Frau Anders?
Wo ist dieses neue Auto von Frau Anders?
Das kleine, neue Baby schläft viel.
Jedes kleine, neue Baby schläft viel.
Diese schicke, teure Wohnung ist sehr hell.

Exercise I-2:

für den kleinen Bruder
für die kleine Schwester
für das kleine Kind
Er spielt gegen den kleinen Bruder.
Er spielt gegen die kleine Schwester.
Er spielt gegen das kleine Kind.
Sie gehen durch diesen grünen Wald.
Durch welchen grünen Wald gehen sie?
Er rennt durch das kleine Haus.
um welchen braunen Tisch
Bis diesen sonnigen Samstag!
Er spricht jedes neue Wort laut.
Wir verbringen diesen schönen Tag in Paris.
Ich sehe das neue Fahrrad von Peter.
Siehst du dieses neue Fahrrad von Peter?

Kaufst du den alten Schreibtisch von Petra?
Kaufst du jenen alten Schreibtisch von Petra?
Ich miete die schicke Wohnung von Max.
Er mietet diese schicke, teure Wohnung.
Holst du das neue, grüne Auto von Frau Anders?
Siehst du dieses neue, grüne Auto von Frau Anders?
Sie trägt das kleine, laute Baby durch das helle Zimmer.
Sie trägt das kleine, laute Baby durch den hellen Raum.
Ohne dieses kleine, niedliche Baby kann ich nicht mehr leben.
um den dunklen Wald, um das blaue Haus,
um den neuen Park, um die grüne Wiese
um diesen dunklen Wald, um dieses blaue Haus,
um diesen neuen Park, um diese grüne Wiese
ohne den kleinen Bruder, ohne die kleine Schwester,
ohne das kleine Kind
Sie singt den ganzen Tag. Sie arbeitet die ganze Woche.
Wir arbeiten diesen ganzen Monat.
Sie ist dieses ganze Jahr in Berlin.
Was tut sie die ganze Nacht?
Warum schreit das Baby jeden zweiten Tag?
Wohin gehst du jede vierte Woche im Monat?

Mixed Exercises I-1 und I-2:

Der kleine Bruder sucht die große Schwester.
Dieses kleine Mädchen sucht seinen großen Bruder.
Welcher kleine Löffel ist für diese junge Frau?
Jeder kleine Junge spielt gegen jedes kleine Mädchen.
Der alte Mann geht um dieses alte Haus.
Solches schlechte Wetter hatte die kleine Stadt noch nie!
Der neue Förster geht durch den grünen Wald.
Der neue Schüler fragt den netten Lehrer.
Die nette neue Lehrerin hat diesen ganzen Monat lang Urlaub.
Welchen hohen Baum will der neue Förster fällen?
Dieser hübsche Chauffeur fährt heute den tollen Wagen seines
Kollegen.
Der neue Kellner stellt die blaue Vase auf den runden Tisch.

Die neue Kellnerin stellt den runden Teller in den alten
Küchenschrank.
Der neue, blonde Student stellt mir jeden zweiten Tag die
gleiche dumme Frage.

Exercise I-2:

Genitive singular

die Hose des kleinen Bruders
die Jacke dieses kleinen Jungen
das T-Shirt der älteren Tochter
die Akten welcher neuen Kollegin?
der Duft jener roten Rose
die Frage dieses jungen Mannes
die Antwort jener jungen Frau
das Dach des kleinen Hauses
das Fenster jenes hohen Turms
die Tür dieses runden Zimmers
das Tor der großen Garage
die Tastatur des neuen Computers
das Licht dieser hellen Lampe
der Korken jener grünen Flasche
der Gürtel dieser braunen Hose
die Knöpfe dieser gelben Jacke

Dative singular

Ich gebe dem kleinen Bruder die Hose.
Wir schicken diesem kleinen Jungen die Jacke.
Sie schenkt der älteren Tochter das T-Shirt.
Wir geben dieser neuen Kollegin Blumen.
Du musst jener roten Rose frisches Wasser geben.
Wir antworten diesem jungen Mann.

Er schenkt jeder jungen Frau eine Tulpe.
hinter dem kleinen Haus
über jenem hohen Turm
in dem runden Zimmer
vor dieser großen Garage
mit jedem neuen Computer
unter dieser hellen Lampe
aus jener grünen Flasche
seit diesem sonnigen Tag
zu diesem schattigen Park

Nominative plural

Die kleinen Babys schreien laut.
Diese neuen Bücher waren sehr teuer.
Welche bunten Blumen?
Alle guten Menschen haben Freunde.
Jene alten Bilder gefallen mir.
Die lustigen Clowns kommen!
Diese netten Leute sind meine Nachbarn.
Manche schönen Parks sind geschlossen.
Solche großen Probleme sind das!
Die letzten beiden Fragen kommen von mir.
Diese schmalen Wanderwege sind neu.
Alle neuen Schüler sind jetzt da.
Welche alten Freunde kommen morgen zu dir?
Diese komischen Fragen beantworte ich nicht.
Alle alten Autos fahren langsam.
Manche musikalischen Kinder lernen Instrumente.
Die schönen Blumen wachsen schnell.

Genitive plural

Die Schreie der kleinen Babys sind laut.
Die Seiten dieser alten Bücher sind nass.
Die Storys mancher neuen Filme sind langweilig.
Die Blüten jener roten Rosen sind schon welk.

Die Eltern dieser kleinen Kinder sind Franzosen.
Die Nasen der lustigen Clowns sind rot.
Das Fell der kleinen hübschen Kätzchen ist weich.
Die Lösungen dieser schweren Aufgaben sind richtig.
Du musst wegen der neuen Probleme zu Hause bleiben.
Sie muss während der ersten Wochen im Bett bleiben.
Mutter will zuerst die Hemden statt der langen Hosen waschen.
Die Bücher der kleinen Kinder liegen auf dem Tisch.
Die Bücher welcher kleinen Kinder?
Die Autos dieser netten Nachbarn sind alle rot.
Du musst wegen der neuen Fotos noch einmal herkommen.
Sie will wegen der großen Probleme der kleinen Kinder mit
ihrer Mutter sprechen.

Dative plural

Ich gebe den netten Kindern einen Ball.
Der Junge spielt mit den kleinen, roten Autos.
Die Leute wohnen in diesen blauen Häusern.
Aus welchen fernen Ländern kommen die Herren?
Ich habe es mit den eigenen Augen gesehen!
Zeige den neugierigen Kunden bitte die Bücher, Monika!
Kannst du das Auto vor diesen großen Bäumen parken?
Schon nach den ersten zwei Wochen wollte ich wieder weg.
Ich bin drüben bei den neuen Nachbarn.
Mit diesen bunten Stiften kannst du malen.
Seit den ersten Tagen im Urlaub ist sie schon krank.
Außer diesen drei langen Wörtern verstehe ich alles.
Zu welchen neuen Hosen passt dieser Gürtel?
Sprich mit den neuen Schulkameraden über unseren Klub!
Ich habe mir von manchen guten Freunden Bücher geliehen.
Vor solchen dummen Leuten muss man Angst haben.
Zeige den kleinen Kindern dein Zimmer.

Accusative plural

Sie kauft die gelben Blumen.
Sie gibt mir diese beiden dicken Bücher.
Die Mädchen lieben die kleinen Katzen.
Welche neuen Wörter verstehst du nicht?
Ich mag solche dummen Dinge nicht.
Die Preise sind für die besten Studenten.
Wir spielen gegen diese beiden Mannschaften.
Er geht durch die dunklen Zimmer.
Sie fahren um diese beiden Häuser herum.
Zeige mir bitte die neuen bunten Stifte.
Sie kauft ihm die zwei neuen Hemden.
Siehst du die beiden schwarzen Pudel dort?
Wie heißen diese drei braunen Hamster?
Kennst du schon die neuen Nachbarn von gegenüber?
Welche Pullover möchtest du gern, die schwarzen oder die grauen?
Magst du diese schönen Kurzgeschichten?
Beantworte die leichten Fragen zuerst, dann die schweren!

Mixed Exercises I-1, I-2, and I-3:

Welche kräftigen Männer können diese schweren Kisten heben?
Hat das kleine Kind alle neuen Bücher gesehen?
Der blaue Pullover des schlanken Mädchens ist schick.
Ich gebe dem netten Mädchen alle kleinen Puppen.
Ich gebe den kleinen Jungen das blaue Auto.
Wo sind die neuen Taschen des alten Mannes?
Dieser teure Computer gehört dieser netten Frau.
Solche dunklen Hosen habe ich nicht.
Über diesen tiefen Fluss kann ich nicht schwimmen.
Nimm die blaue Hose, nicht die braune.
Was ist die Farbe der langen Hose?
Mit diesen kleinen Puppen kann das nette Mädchen gern spielen.
Die vielen Autos auf diesen breiten Straße sind sehr laut.

Welches Kleid willst du tragen, das blaue oder das grüne?
Welchen Pullover willst du tragen, diesen blauen hier oder jenen grünen dort?
Siehst du diese schlanke, große Frau dort drüben?
Siehst du diesen schlanken, großen Mann dort drüben?
Siehst du diese schlanken, großen Frauen dort drüben?
Willst du mit diesem schwarzen Pudel spazieren gehen?
Der neue Hund dieser netten Frau ist auch schwarz.
Gib diese alten Bücher dem jungen Mann dort.
Gib mir das alte Buch des kleinen Mädchens.
Gib mir die alten Bücher der kleinen Mädchen.
Das hübsche Kätzchen spielt gern mit diesen bunten Bällen auf der grünen Wiese hinter dem kleinen Haus.
Der neue Computer ist schon wieder kaputt.
Ich muss den alten, langsamen Computer aus dem braunen Schrank holen.
Diese grüne Pflanze wächst sehr schnell.
Diese grünen Pflanzen wachsen sehr schnell.
Welche roten Rosen wachsen schneller, diese hier oder jene dort?
Gib den neuen Schülern diese neuen Bücher.
Gib der neuen Schülerin dieses neue Buch.
Hole mir die frische Milch aus dem weißen Kühlschrank.
Die kalte Milch auf dem runden Tisch ist sauer.

Exercise II-1:

mein kleiner Bruder
ihr neuer Mann
ein hoher Baum
unser alter Ball
Ist Ihr schwarzer Hut neu?
Wo ist euer goldener Ring?

Mixed Exercises I-1, I-2, I-3, and II-1:

Kein kräftiger Mann kann diese schweren Kisten heben.
Hat unser kleiner Junge alle neuen Bücher gesehen?
Mein blauer Pullover ist schick.
Wo ist sein neuer Ball?
Mein alter Computer gehört jetzt dieser netten Frau.
Mein bester Freund schenkt mir diese dunklen Hosen zum Geburtstag.
Ein tiefer Fluss ist gefährlich.
Dort drüben steht ein schlanker, großer Mann.
Ihr schwarzer Pudel will mit ihr spazieren gehen.
Unser neuer Hund ist auch schwarz.
Ein junger Mann kauft alle diese neuen Bücher.
Unser hübscher Kater spielt gern mit diesen bunten Bällen auf der grünen Wiese hinter dem kleinen Haus.
Sein neuer Computer ist schon wieder kaputt.
Und sein alter, langsamer Computer ist im braunen Schrank.
Unser weißer Kühlschrank ist sehr laut.
Ein runder Tisch ist viel besser für Partys als ein eckiger .
Mein kleiner Bruder wächst schnell.
Ihr neuer Mann fährt gern mit dem roten Auto.
Ein hoher Baum steht vor dem kleinen Küchenfenster.
Vor dem kleinen Küchenfenster steht ein hoher Baum.
Unser alter Ball liegt auf der grünen Wiese.
Mein Herr, ist Ihr runder, schwarzer Hut neu?
Wo ist euer goldener Ring? Habt ihr ihn im dunklen Wald verloren?
Dein teurer, neuer Fernseher wird morgen geliefert.
Unser alter blauer Topf hat jetzt ein Loch.
Die italienische Stadt Pisa hat immer viele Touristen: Ihr schiefer Turm ist weltberühmt.
Ist dieser nette Junge dein kleiner Bruder?
Ihr hübscher Ehemann hatte viele Freundinnen.
Das ist kein dummer Witz, das ist die traurige Wahrheit.
Weißt, du wo unser alter Scanner ist? Der neue funktioniert nicht.

Du kannst den alten Monitor weggeben. Hier ist ein neuer, moderner Monitor für dich.

Dort steht ein schwerer Blumentopf mit Erde. Kannst du ihn bitte unter das kleine Fenster stellen? Mein netter Schwager will in ihm diese roten Rosen pflanzen.

Exercise II-2:

meine kleine Schwester
seine neue Frau
eine große Blume
unsere alte Tante
Ist Ihre schwarze Hose neu?
Hast du meine goldene Uhr?

Mixed Exercises I-1, I-2, I-3, II-1, and II-2:

Kein schwacher Mann kann meine schwere Kiste heben.
Hat das kleine Mädchen deine neue Puppe gesehen?
Mein blaue Hose ist schick.
Wo ist seine neue Gitarre?
Meine alte Tasche gehört jetzt dieser armen Frau.
Meine beste Freundin schenkt mir diese dunkle Jacke zum Geburtstag.
Ein kaputte Brücke ist gefährlich.
Dort drüben steht ein blonder, großer Mann und eine brünette, schlanke Frau.
Ihre schwarze Katze will mit uns spazieren gehen.
Unser neuer Hund mag seine schwarze Katze nicht.
Ein junger Mann kauft meine alte Lampe.
Seine neue Tastatur ist schon wieder kaputt.
Unser weißer Kühlschrank und unsere Kaffeemaschine sind nicht sehr modern.
Ein runder Tisch ist viel besser für eine tolle Party als dieser eckige.

Mein kleiner Neffe und seine große Schwester wachsen schnell.
Seine neue Frau fährt gern mit dem roten Auto.
Eine hohe Tanne steht vor dem kleinen Küchenfenster.
Vor dem kleinen Küchenfenster steht eine hohe Tanne.
Unsere alte Schaukel steht auf der grünen Wiese.
Meine Dame, ist Ihre schicke, weiße Jacke neu?
Wo sind eure goldene Uhr und euer goldener Ring? Habt ihr sie
im dunklen Wald verloren?
Deine teure, neue Mikrowelle wird morgen geliefert.
Unsere alte blaue Vase hat jetzt ein Loch.
Sind das dort deine kleine Schwester und dein kleiner Bruder?
Seine hübsche Ehefrau hatte viele Freunde.
Das ist keine dumme Frage. Ich will die reine Wahrheit wissen.
Weißt, du wo unsere alte Waschmaschine ist? Die neue
funktioniert nicht.
Du kannst deine alte Jacke weggeben. Hier ist eine neue,
modernere Jacke für dich.
Dort steht eine schwere Kiste mit Erde. Kannst du sie bitte
in den Garten unter das kleine Fenster stellen? Meine nette
Schwiegermutter will in ihr diese roten Rosen pflanzen.
Und das war meine letzte Frage.

Exercise II-3:

mein kleines Kind
Er hat ein neues Auto.
Dort ist unser altes Haus.
Sie sucht ihr goldenes Armband.
Habt ihr euer teures Buch gefunden?
Mein kleines Baby braucht sein blaues Kissen.

Mixed Exercises I-1, I-2, I-3, II-1, II-2, and II-3:

Welcher kräftige Junge kann dieses schwere Buch heben?
Hat unser kleines Mädchen alle neuen Bücher gesehen?
Mein blaues Hemd ist schick.
Wo ist ihre neue Puppe?
Mein alter Computer gehört jetzt diesem netten Mann.
Meine beste Freundin schenkt mir diese dunkle Bluse zum Geburtstag.
Eine breite Straße ist für die kleinen Kinder gefährlich.
Dort drüben steht eine schlanke, große Frau.
Ihre schwarze Katze will nicht mit ihr spazieren gehen.
Ist euer neues Haus groß?
Das kleine Kind liest alle diese neuen Bücher.
Ein kleines Kind liest sein neues Buch.
Unsere hübsche Katze spielt gern mit dem bunten Ball auf der grünen Wiese hinter dem kleinen Haus.
Seine neue Tasche ist schon wieder kaputt.
Und seine alte, grüne Tasche ist in diesem braunen Schrank.
Der weiße Kühlschrank ist sehr laut.
Der runde Tisch ist viel besser für Partys als der eckige.
Meine kleine Schwester wächst schnell.
Die neuen Freunde fahren gern mit dem roten Auto.
Ein hohes Haus steht neben dem kleinen.
Neben dem kleinen Haus steht ein hohes.
Der alte Ball liegt auf der grünen Wiese.
Mein Herr, ist Ihr langes, blaues Hemd neu?
Wo ist das neue Fahrrad? Habt ihr es auf dem großen Spielplatz vergessen?
Der teure, neue Fernseher wird morgen geliefert.
Der alte blaue Topf hat jetzt ein großes Loch.
Das moderne Museum hat immer viele Touristen.
Ist dieses nette Mädchen deine kleine Schwester?
Ihre hübsche Tochter hat viele Freunde.
Das ist keine dumme Frage.
Wo ist unser alter Laptop? Der neue ist zu langsam.
Du kannst das alte Bild verschenken. Hier ist ein neues,

schöneres Bild für dich.
Dort stehen die schweren Blumentöpfe mit Erde. Kannst du sie
bitte unter die kleinen Fenster stellen? Meine nette Schwägerin
will in ihnen diese bunten Blumen pflanzen.

Exercise II-4:

meinen kleinen Bruder
meines kleinen Bruders
seiner kleinen Schwester
keines neuen Hauses
meinem kleinen Bruder
meiner kleinen Schwester
eurem alten Haus
meine kleinen Brüder
deine kleinen Schwestern
seine roten Autos
seiner kleinen Brüder
seiner kleinen Schwestern
unserer neuen Häuser
meinen kleinen Brüdern
deinen kleinen Schwestern
ihren neuen Häusern
meine kleinen Brüder
deine kleinen Schwestern
seine neuen Autos

Siehst du deinen neuen Mantel?
Hast du meine alten Bücher?
Gibst du meinen kleinen Brüdern das Spielzeug?
Wo sind die Sachen deiner beiden großen Schwestern?
Die neuen Mieter sind sehr laut.
Ich hole die roten Messer.
Das Spielzeug deiner besten Freunde ist cool.

Mixed Exercises I-1, I-2, I-3, II-1, II-2, II-3, II-4:

Welche kräftigen Jungen können diese schweren Bücher heben?

Haben unsere kleinen Mädchen deine neuen Bücher gesehen?

Der Kragen meines blauen Hemds ist auch blau.

Wo sind die neuen Puppen meiner kleinen Schwester?

Meine alten Computer gehören jetzt diesem netten Mann.

Meine beste Freundin schenkt mir diese dunklen Blusen zum Geburtstag.

Der Verkehr in dieser breiten Straße ist für die kleinen Kinder gefährlich.

Dort drüben steht das blaue Auto meiner schlanken, großen Kusine.

Ihre schwarzen Katzen wollen nicht mit ihr spazieren gehen.

Ist das Dach eures neuen Hauses schwarz?

Dem kleinen Kind gebe ich alle meine alten Bücher.

Keine kleinen Kinder dürfen sein neues Buch lesen.

Unsere hübsche Katze spielt gern mit den bunten Bällen auf der grünen Wiese hinter unseren alten Häusern.

Der Träger seiner neuen Tasche ist schon wieder kaputt.

Seine alte, grüne Tasche ist in diesem braunen Schrank.

Der Motor des weißen Kühlschranks ist sehr laut.

Unser runder Tisch ist viel besser für Partys als euer eckiger.

Meine kleinen Schwestern wachsen schnell.

Meine neuen Freunde fahren gern mit den roten Autos meiner netten Nachbarn.

Mein hohes Haus steht neben deinem kleinen.

Neben deinem kleinen Haus steht mein hohes.

Unser alter Ball liegt auf der grünen Wiese.

Meine Herren, welches Ihrer blauen Hemden ist neu?

Hast du kein neues Fahrrad?

Habt ihr es auf dem großen Spielplatz vergessen?

Unser teurer, neuer Fernseher wird morgen geliefert.

Unser alter blauer Topf hat jetzt ein großes Loch.

Das moderne Museum unserer kleinen Stadt hat immer viele Touristen.

Sind diese netten Mädchen deine kleinen Schwestern?

Ihre hübschen Töchter haben viele Freunde.

Das ist keine dumme Frage.

Wo ist unser alter Laptop? Unser neuer ist zu langsam.

Du kannst deine alten Bilder verschenken. Hier ist ein neues, schöneres Bild für dich.

Dort stehen deine schweren Blumentöpfe mit Erde. Kannst du sie bitte unter dein kleines Fenster stellen? Meine nette Schwägerin will in ihnen diese bunten Blumen pflanzen.

Meine alte Wohnung war sehr teuer. Ich muss mir eine neue Wohnung suchen. Die großen Wohnungen im Zentrum sind auch zu teuer für mich. Ich schaue mir also die billigeren Wohnungen am Stadtrand an.

Wohnst du noch in deiner alten Wohnung?

Ich habe einen großen Garten. In meinem großen Garten siehst du die bunten Blumen links, die hohen Obstbäume rechts und das neue Schwimmbecken in der Mitte.

Das Obst aus meinem neuen Garten verkaufe ich auf dem alten Markt im Zentrum unserer kleinen Stadt.

Die Käufer mögen mein frisches Obst. Sie mögen auch meine bunten Blumen.

Meine grüne Pflanze ist größer als deine.

Der nette Junge dort ist mein kleiner Bruder.

Das nette Mädchen dort ist meine kleine Schwester.

Die netten Kinder dort sind meine kleinen Geschwister.

Der nette Freund meines kleinen Bruders geht in die gleiche Schule.

Mein neuer Nachbar hat auch einen kleinen Sohn.

Der kleine Sohn meines netten Nachbarn geht in den neuen Kindergarten an der Ecke der nächsten Straße.

Exercise III:

großer Preis

gute Frage

tolles Auto

viele Menschen

der Preis großen Mutes

der Preis europäischen Biers

der Preis alter Bücher
der Effekt großer Angst
scheue Kinder
Wir helfen scheuen Kindern.
Kleiner Mann, was nun?
Junge Frau, wie geht's?
nicht zu viele Bonbons für kleine Kinder
die Entdeckung neuen Lebens auf dem Mars
die Antwort auf viele wichtige Fragen
der Effekt neuer Technologie
Der Buchtitel lautet: "Alter Mann in jungem Körper"

Mixed Exercises I, II, III:

Erste Frage: Wo wohnen Ihre neuen Freunde?
Zweite Frage: Was ist Ihre alte Adresse?
Manche Kinder haben schon große Sorgen.
Den vielen Kindern mit großen Sorgen müssen wir helfen.
Gute Arbeit verdient gutes Geld.
Kannst du meinem kleinen Sohn den roten Ball geben?
Unser neues Theater ist sehr modern. Das alte Theater hatte
viele Probleme.
Schenkst du deinem jüngeren Sohn rote Schuhe?
Schenkst du deinen Töchtern rote Pullover?
Gutes Essen macht viel Arbeit.
Gute Arbeit kann dich vielleicht reich machen!
Mit deinem besten Freund und deiner besten Freundin kannst
du gern zum Camping fahren.
Ohne deinen kleinen Bruder und deine kleine Schwester kannst
du Oma nicht besuchen.
Du darfst nicht ohne deine großen Geschwister auf den Hof
gehen.

Kleiner Hase, kleine Maus
(Eine kleine Geschichte für kleine Kinder)

Ein kleiner Hase und eine kleine Maus wohnen in einem dunklen Wald hinter unserem grünen Garten. Nachts, wenn wir schlafen, kommen die kleine Maus und der kleine Hase in unseren Garten und fressen unsere roten Karotten.

Unser jüngster Sohn, Peter, will die beiden kleinen Tiere unbedingt einmal sehen. Deshalb setzt er sich eines Abends auf das blaue Sofa vor unserem breiten Wohnzimmerfester, schaltet das Licht aus und wartet. Er schaut zum dunklen Wald und hofft, dass die beiden kleinen Tiere kommen. Er wartet und wartet, und dabei schläft er ein. Wir tragen ihn dann in sein kleines Kinderzimmer und legen ihn in sein weiches Bett.

Am nächsten Morgen läuft Peter aufgeregt in die kleine Küche, wo die Mutter ein leckeres Frühstück vorbereitet.

„Mutti, Mutti!" ruft er laut „Ich habe den kleinen Hasen und die kleine Maus gesehen!"

„Wirklich?", fragte die Mutter und lächelt. „Was haben sie gemacht?"

„Ich habe ihnen frisches Gemüse gegeben und sie haben aus meiner Hand gefressen! Der Hase hatte lange Ohren und die Maus hatte eine spitze Schnauze und einen langen Schwanz."

„Das war sicher ein schöner Traum", sagt die Mutter. „Morgen bleiben wir gemeinsam wach. Wenn wir zusammen auf dem blauen Sofa sitzen, dann schlafen wir nicht ein. Und wenn die beiden kleinen Tiere kommen, fotografieren wir sie, und am nächsten Tag kannst du die Fotos in deine neue Schule mitnehmen und sie deinen netten Lehrern und den anderen Schülern zeigen."

www.ingramcontent.com/pod-product-compliance
Lightning Source LLC
Chambersburg PA
CBHW022028090426
42739CB00006BA/329